Teoria geral da responsabilidade civil

Central de Qualidade — FGV Management

ouvidoria@fgv.br

SÉRIE DIREITO EMPRESARIAL

Teoria geral da responsabilidade civil

ISBN — 978-85-225-0684-2

Direitos desta edição reservados à
EDITORA FGV
Rua Jornalista Orlando Dantas, 37
22231-010 — Rio de Janeiro, RJ — Brasil
Tels.: 0800-21-7777 — 21-2559-4427
Fax: 21-2559-4430
e-mail: editora@fgv.br — pedidoseditora@fgv.br
web site: www.fgv.br/editora

Impresso no Brasil / *Printed in Brazil*

1ª edição — 2008

Revisão de originais: Luiz Alberto Monjardim

Editoração eletrônica: FA Editoração Eletrônica

Revisão: Aleidis de Beltran e Tathyana Viana

Capa: aspecto:design

Ficha catalográfica elaborada pela
Biblioteca Mario Henrique Simonsen/FGV

Teoria geral da responsabilidade civil / Organização Direito Rio.
— Rio de Janeiro : Editora FGV, 2008.
212 p. – (Direito empresarial)

Publicações FGV Management.
Inclui bibliografia.

1. Responsabilidade (Direito). I. Escola de Direito do Rio de Janeiro da Fundação Getulio Vargas. II. Fundação Getulio Vargas. III. FGV Management. IV. Série.

CDD – 342.151

Nossa missão é construir uma escola de referência nacional em carreiras públicas e direito empresarial, formando lideranças capazes de pensar o Brasil a longo prazo e servindo de modelo para o ensino e a pesquisa no campo jurídico, de modo a contribuir para o desenvolvimento do país.

FGV Direito Rio

Sumário

Apresentação

Aliada à credibilidade conquistada em mais de meio século de excelência no ensino de economia, administração e outras disciplinas ligadas à atuação pública e privada, a Escola de Direito do Rio de Janeiro da Fundação Getulio Vargas — FGV Direito Rio — iniciou suas atividades em julho de 2002. A criação dessa nova escola é uma estratégia da FGV para oferecer ao país um novo modelo de ensino jurídico capaz de formar lideranças de destaque na advocacia e nas carreiras públicas.

A FGV Direito Rio desenvolveu um cuidadoso plano pedagógico para seu Programa de Educação Continuada, contemplando cursos de pós-graduação e de extensão. O programa surge como valorosa resposta à crise do ensino jurídico observada no Brasil nas últimas décadas e que se expressa pela incompatibilidade entre as práticas tradicionais de ensino do direito e as demandas de uma sociedade desenvolvida.

Em seu plano, a FGV Direito Rio assume o compromisso de formar profissionais preparados para atender às reais necessidades e expectativas da sociedade brasileira em tempos de globalização. Seus cursos reforçam o empenho da escola em inserir no mercado profissionais de direito capazes de lidar com áreas interdisciplinares, dotados de uma visão ampla das questões jurídicas e com sólidas bases acadêmica e prática.

A Série Direito Empresarial é um importante instrumento para difusão das modernas teses e questões abordadas em sala de aula nos cursos de MBA e de pós-graduação em direito empresarial desenvolvidos pela FGV Direito Rio.

Dessa forma, esperamos oferecer a estudantes e advogados atuantes na área empresarial um material de estudo que seja realmente útil em seu cotidiano profissional.

Introdução

Este livro se baseia numa extensa pesquisa sobre o papel da responsabilidade civil no novo direito civil brasileiro e no direito de consumo. Como é sabido, a intenção da Escola de Direito do Rio de Janeiro da Fundação Getulio Vargas é tratar de temas atuais que despertam crescente interesse no meio jurídico e reclamam mais atenção dos estudiosos do direito.

A obra versa, de forma didática e clara, sobre a teoria geral da responsabilidade civil, a responsabilidade contratual por inadimplemento da obrigação e a responsabilidade extracontratual, questões que ganharam grande destaque na atualidade, em face das exigências da vida moderna e das condições econômicas do desenvolvimento do país.

Serão aqui examinados assuntos relevantes, como, por exemplo, os conceitos de responsabilidade subjetiva e responsabilidade objetiva; os conceitos e espécies de dano; a responsabilidade civil extracontratual; o nexo de causalidade; a responsabilidade civil e sua relação com a defesa do consumidor.

Em conformidade com a metodologia da FGV Direito Rio, cada capítulo inclui o estudo de *leading cases* para facilitar a compreensão dos temas. Apresentando casos práticos, pretendemos oferecer uma análise dinâmica e crítica das normas vigentes e sua interpretação.

Esperamos, assim, fornecer o instrumental técnico-jurídico para os profissionais com atuação ou interesse na área, visando incentivar a proposição de soluções criativas para os problemas nela enfrentados.

1 Responsabilidade subjetiva: culpa

Casos geradores

Caso 1

João, bancário, ao sair do seu local de trabalho em dia chuvoso, encontrou seu colega Antônio. Sabendo que este não possuía condução própria, João ofereceu-lhe uma carona em seu carro, já que ambos moravam em ruas próximas. No trajeto, porém, o carro acidentou-se.

Tendo sofrido diversos ferimentos, Antônio então ajuizou, em face de João, ação ordinária, pedindo indenização por perdas e danos. Alegou que havia entre as partes um contrato de transporte não cumprido, por não ter sido levado incólume ao seu destino.

Em contestação, João negou a existência de relação contratual. Sustentou que, como não fora provada sua culpa, não estaria obrigado a indenizar.

Analise juridicamente a questão.

Caso 2

Antônio, de 21 anos de idade, comprou, na agência de viagens Viaje Bem, um pacote para passar um final de semana em Serra Negra-SP, no Hotel Falcon Palace, indicado no próprio pacote adquirido. A excursão, reunindo 20 pessoas, chegou à cidade paulista na noite de 24 de fevereiro de 2004. Da excursão participava um guia indicado pela própria agência de viagens. A verdade é que Antônio, cansado do longo percurso, que durara cerca de seis horas, resolveu, por volta das 22h, mergulhar na piscina do hotel, provida de simples iluminação ornamental e sem nenhuma informação sobre sua profundidade. Após subir no escorrega que havia na beirada, Antônio mergulhou e veio a bater com a cabeça no fundo da piscina, sofrendo traumatismo craniano e ficando tetraplégico. De regresso ao Rio, Antônio resolveu ajuizar uma ação contra o hotel e a agência de viagens, alegando que houvera falha na segurança e que não fora devidamente informado sobre a profundidade da piscina, pois, do contrário, não teria mergulhado. Assiste-lhe razão? Fundamente.

Caso 3

João, aos 29 anos de idade, era aluno regularmente inscrito no curso de judô de uma importante agremiação atlética localizada no Rio de Janeiro. Numa das aulas, enquanto treinava com outro colega, veio a ser derrubado e, na queda, esbarrou no professor, que também treinava com outro aluno e não percebera a aproximação da outra dupla. O professor, desequilibrado, também foi ao solo, mas caiu em cima de João, causando-lhe fratura de duas vértebras e tetraplegia irreversível. Saliente-se que o professor é profissional muito respeitado, tendo já acompanhado, em diversas ocasiões, a seleção brasileira de judô. João agora deseja mover ação em face da agremiação atlética, pleiteando a reparação dos danos morais e materiais sofridos. Assiste-lhe razão? Fundamente.

Roteiro de estudo

Responsabilidade subjetiva: conceito e fundamentos

A culpa não se confunde com a contrariedade a direito. De fato, no direito a culpa limita-se à causa, no plano psíquico, de atos positivos ou negativos reprováveis. No entanto, esse ato positivo ou negativo pode não corresponder a um ilícito porque nem sempre há o elemento da contrariedade a direito e, nesse caso, não há ilicitude. Em verdade, na ilicitude teríamos dois elementos, tal como será visto a seguir: a antijuridicidade, elemento objetivo, e a culpabilidade, elemento subjetivo.

Recorde-se, igualmente, que a culpa pode ser ou não elemento do dano indenizável, conforme o fundamento que se dê à responsabilidade.[1] É pressuposto do ato ilícito ou da responsabilidade civil subjetiva. Implica juízo de reprovabilidade ou de censura da conduta, configurando a imputação do fato ao agente.

Procede com culpa quem age ilicitamente, podendo e devendo, até mesmo na emergência, ter se portado de maneira diferente. Tal comportamento recebe a censura do ordenamento, porquanto, em face das circunstâncias concretas, seria possível ter agido de outro modo. Segundo Varela (1977:219), primeiro

[1] Alvim, 1965:235.

pergunta-se se o agente é imputável para efeitos de responsabilidade civil; depois, se a pessoa imputável podia e devia, realmente, ter agido de outro modo.

Quando se alude à responsabilidade subjetiva, considera-se, em primeiro plano, a *culpa* do agente causador do dano como fator elementar para acarretar o dever de reparação.

Todavia, a própria idéia de culpa como fundamento básico da responsabilidade aquiliana não se manteve imutável ao longo do tempo e diante de tantas investidas. Para melhor adequar-se à sociedade hodierna, sua acepção original e aplicação prática foram objeto de processos técnicos responsáveis por ampliar-lhe o significado, tendo-se adotado um conceito mais objetivo, que vê a culpa como um simples erro de conduta imputável ao agente.

De qualquer forma, ainda que tenha sido "objetivada", a culpa não perdeu o seu papel de um dos fundamentos da responsabilidade civil, por isso mesmo é chamada de responsabilidade civil *subjetiva*. Esta continua a ter uma cláusula geral em nosso Código Civil, agora prevista no art. 186. Com ela convive uma cláusula geral de responsabilidade civil objetiva, prevista no art. 927, parágrafo único. Tal norma, aliás, possui marcante caráter inovador, sem paralelo nos congêneres códigos europeus, uma vez que admite a ocorrência de responsabilidade civil objetiva mesmo sem lei expressa, ou seja, pelo simples exercício de determinada atividade de risco.

Voltando à culpa, cabe lembrar que todo membro da sociedade tem direitos e deveres, uma vez que não vive isoladamente. Cada um de seus atos projeta uma dimensão de universalidade que se constrói, forjando uma personalidade. Todo membro da sociedade admite agir livremente, em consciência, mas deve aceitar responder pelas conseqüências de seus atos para restabelecer o equilíbrio violado. Assim, a noção de responsabilidade é sempre vinculada à noção de justiça comutativa.

Recorde-se, ainda, que os princípios basilares do sistema subjetivo de responsabilidade são:

- a responsabilidade é individual;
- a sanção decorrente do dano recai sobre o patrimônio do agente;
- o patrimônio do agente é totalmente vinculado à integral reparação dos danos causados, salvo quando a lei dispuser de forma diversa, como sucede, por exemplo, com o bem de família;
- a responsabilidade subjetiva decorre do desvio de conduta ou da violação do dever jurídico do agente.

Ocorre que, se por um lado é imprescindível uma análise da culpa para qualquer proposta séria de estudo da responsabilidade civil, por outro não é menor a dificuldade da doutrina em fixar-lhe um conceito satisfatório, como já observavam os irmãos Mazeaud (1948).[2]

Apenas a título ilustrativo e introdutório, vejamos a visão de alguns notáveis juristas que viveram durante o apogeu da teoria da responsabilidade fundada na culpa, mas que, apesar de suas valiosas obras, falharam em fornecer conceitos da culpa com contornos satisfatórios.

Saleilles e a culpa no fato humano constitutivo do dano

Interpretando o art. 1.382 do Código Civil francês, quanto à responsabilidade pelo fato do homem (em oposição à responsabilidade pelo fato da coisa), R. Saleilles defende que aquilo que, com efeito, obriga a indenizar é o fato humano constitutivo do dano. Ou seja, bastaria uma relação de causali-

[2] Do mesmo modo, Aguiar Dias (2006:109) atribui a Ripert a declaração de que não há definição legal de culpa e que não se pode, mesmo, tentar formulá-la.

dade entre o fato humano voluntário e o dano para a configuração da culpa. A palavra culpa, indispensável em sua ótica, toma assim o lugar de causa, numa concepção imperfeita, insuficiente. Segundo os adeptos da mesma teoria (Teisseire e Venezian), a responsabilidade não exigiria a imputabilidade moral, mas tão-somente o nexo de causalidade entre o fato e o dano.[3]

Devido às severas críticas feitas pela maioria dos adeptos da doutrina da culpa, os quais em geral aliavam indissoluvelmente a imputabilidade moral à culpa, a doutrina de Saleilles não teve amplo reconhecimento.

Leclercq e a culpa no fato lesivo ao direito de outrem

Teoria igualmente insuficiente fornece o procurador-geral Paul Leclercq, cujas idéias tiveram larga repercussão não só na Bélgica, como também na França. A teoria de Leclercq concentra-se no fato lesivo, ou seja, o fato de lesar o direito de outrem constitui, por si só, uma culpa (*faute*),[4] resultando, pois, na responsabilidade. Para ele a vítima só tem que provar a ocorrência de um atentado à sua pessoa ou ao seu patrimônio. Por outro lado, cabe ao autor do fato a prova — para eximir-se da responsabilidade — de que o dano resultou de caso fortuito ou de força maior, tanto em matéria contratual quanto extracontratual.

Mazeaud e Mazeaud (1948) criticam a teoria, sustentando haver confusão entre a culpa e o dano. Para Alvino Lima (1999), contudo, a confusão não está em relação ao dano, mas, em verdade, entre a culpa e a lesão do direito de outrem. A rigor, a concepção de Leclercq conduz aos efeitos da doutrina da responsabilidade objetiva, uma vez que desnatura a noção de cul-

[3] Lima, 1999:45.
[4] Ripert, 2000:213, nota 549.

pa e não examina a conduta do autor do dano. A simples lesão importaria em responsabilidade, já que lesão, como violação de uma obrigação, seria um fato ilícito, uma culpa.[5]

Esmein e a culpa pela prova do fato danoso

De acordo com Paul Esmein, um dos mais ferrenhos defensores da teoria clássica da culpa, a vítima do dano causado por fato pessoal do agente não tem de provar a culpa ou imprudência do autor, a qual defluiria da comprovação do próprio dano sofrido pelo agente. Como exemplos, cita o transeunte que, na rua, quebra com a bengala o vidro de uma vitrine; o proprietário do guarda-chuva que, ao abri-lo, fere um transeunte; ou o jornalista que publica informação inexata que atinja a reputação de uma pessoa. O juiz, então, condenaria o agente pela prova exclusiva do fato, existindo uma presunção de culpa decorrente de ato pessoal e imediato do homem. Observe-se que, conquanto presumida, a culpa é indispensável para a responsabilização, sendo possível, entretanto, a sua exclusão pelo agente aparente. O problema da doutrina de Esmein é que não chega a conceituar a culpa isoladamente, mas sempre atrelada a outros pressupostos da responsabilidade.

A concepção normativa da culpa

A corrente mais recente de conceituação da culpa, surgida no início do século XX, baseia-se na idéia de erro de conduta. A responsabilidade civil subjetiva adviria do desvio de certos modelos de conduta denominados *standards*.[6]

---

[5] Lima, 1999:46 e segs.
[6] Moraes, 2003:209-213.

O objetivo é cada vez mais afastar o conceito jurídico de culpa do campo da moral e da influência de fatores psicológicos e com isso superar o dogma jurídico de que o grau de culpa não é importante para a responsabilização do agente.

Essa definição de culpa, também chamada pelos seus defensores de "culpa objetiva ou normativa", seria "um fato avaliado negativamente em relação a parâmetros objetivos de diligência. A culpa passou a representar a violação (*rectius*, o descumprimento) de um *standard* de conduta".[7]

As críticas de que ela é alvo referem-se exatamente à construção de um modelo abstrato de comportamento,[8] o que levou a doutrina a defender a utilização de parâmetros de conduta específicos e diferenciados para as diversas situações, consideradas a profissão e demais circunstâncias pessoais do agente. Assim, o *standard* deverá ser aferido concretamente, de acordo com as circunstâncias qualificadoras do causador do dano.

A culpa se distinguiria, ainda, em três graus de intensidade: culpa levíssima[9] (violação da máxima diligência), culpa leve (violação da diligência razoável) e culpa grave (violação da diligência mínima).[10]

Elementos que compõem a culpa

No Brasil, Clóvis Bevilacqua também se ocupou — embora sem maior sucesso — da tarefa de conceituar culpa. Ao comen-

---

[7] Moraes, 2003:212.
[8] Schreiber, 2005:46-49.
[9] Segundo Cavalieri Filho (2007:57), "a culpa levíssima caracteriza-se pela falta de atenção extraordinária, pela ausência de habilidade especial ou conhecimento singular. Ainda que levíssima, a culpa obriga a indenizar — *in lege aquilia et levissima culpa venit* —, medindo-se a indenização não pela gravidade da culpa, mas pela extensão do dano". Alguns autores, no entanto, como Bodin de Moraes (2003), defendem a inexistência da culpa levíssima como espécie de culpa. Não seria razoável se exigir do agente mais do que a atenção ordinária, a habilidade ou conhecimentos comuns, elementos que, ausentes, caracterizam a culpa leve ou, simplesmente, *culpa*.
[10] Moraes, 2002:214-216.

tar o art. 1.057 do CC/16, sublinha o jurista que "culpa, em sentido lato, é toda violação de um dever jurídico".[11] Assinala, igualmente, que "culpa é a violação de um dever preexistente".[12]

Já Eduardo Espínola afirma que culpa "abrange toda e qualquer violação imputável de um dever jurídico, provenha de um fato intencional ou de uma certa falta de diligência".[13]

Melhor nos parecem, contudo, as definições fornecidas por Savatier e por Chironi. Para o primeiro, "culpa é a inexecução de um dever que o agente podia conhecer e observar".[14] O segundo, a seu turno, dá uma noção mais extensa:

> Todo e qualquer fato que constitua violação de um dever que tenha sua razão de ser na vontade ou na lei é fato ilícito; e o agente deve responder por ele, de modo especial, quando ao elemento objetivo, que é o ato cometido injustamente (*non iure*), se junte o subjetivo, isto é, o estado particular de ânimo do agente, em relação à injúria. O ato é, então, não somente injusto, mas culposo; daí deriva para o ofendido um remédio destinado a obter o ressarcimento do prejuízo sofrido e que ele exercitará contra o responsável; assim, a ilicitude contém o conceito da responsabilidade.[15]

Demonstra Alvino Lima (1999) ser proveitosa essa noção, contanto que ao desvio da regra de conduta imputável à pessoa que era obrigada a segui-la se adicione referência ao elemento de apreciação dessa conduta.

---

[11] Bevilacqua, 1953:211.

[12] Id., 1980:274. Tal definição certamente se inspira em M. Planiol, para quem a culpa é "a violação de uma obrigação preexistente" (apud Lopes, 2000:339).

[13] Apud Alvim (1965:240).

[14] Id., p. 239.

[15] Id., p. 240.

Feito isto, obtém-se um conceito preciso da culpa, tal como a concebem os defensores da teoria clássica da responsabilidade baseada na imputabilidade moral: culpa é um erro de conduta moralmente imputável ao agente e que não seria cometido por uma pessoa prudente, em iguais circunstâncias de fato. No consenso unânime da doutrina, dois elementos essenciais integram a noção da culpa: o elemento objetivo, representado pelo *dever violado*, e o elemento subjetivo, representado pela *imputabilidade*.

O elemento objetivo é a lesão do direito de outrem, o ato contrário ao direito, também chamado *antijuridicidade*; já o elemento subjetivo, ou elemento psicológico, costuma ser denominado *imputabilidade*.

Vejamos mais detalhadamente cada elemento integrante da responsabilidade subjetiva.

O ELEMENTO OBJETIVO

O elemento objetivo da culpa é o dever jurídico violado. Esse dever, como se sabe, pode advir de diversas fontes, como, por exemplo, a lei, o contrato ou o negócio jurídico unilateral. A idéia de culpa contratual — que pressupõe, portanto, o dever fixado em contrato — não apresenta maiores dúvidas quanto à configuração. O mesmo se pode dizer quanto ao dever derivado de negócio jurídico unilateral. Há, em todos esses casos, um dever positivo, o dever de adimplir o contrato ou negócio jurídico unilateral.

Na culpa extracontratual, ao contrário, a doutrina afirma existir o chamado dever *indeterminado*, que corresponde aos casos em que o elemento objetivo da culpa foge às obrigações tipicamente contratuais e também não corresponde a um dever expresso na lei.[16] Em última análise, tal elemento objetivo da

[16] Alvim, 1965:241.

culpa recai no dever legal de não prejudicar ninguém, ou melhor, como dispõe o art. 186 do CC, de não "violar direito".

Como assinala Rabut (1949:36), o estudo da jurisprudência não permite dúvida alguma sobre a existência de um primeiro elemento da culpa: a violação de um direito preexistente. Indagando-se, porém, a respeito da natureza desse dever jurídico, cuja violação induz à culpa, Agostinho Alvim (1965) responde que, em matéria de culpa *contratual*, o dever jurídico consiste na obediência ao avençado, ou então, ao prometido, caso se trate de obrigação unilateral. Todavia, quando se cogita de culpa fora do contrato, a questão se torna mais complexa. É claro, diz o autor, que, se há violação de uma lei, ou regulamento administrativo, o requisito do elemento objetivo da culpa estará satisfeito; assim, se é proibido conduzir um veículo imprimindo-lhe velocidade além de tanto, aquele que o fizer estará violando dever jurídico. Lembra, porém, que há um infinito número de casos em que o dever jurídico não está nem pode estar regulado, mas que ainda assim a sua inobservância resolve-se em conduta culposa. Para esses casos, assinala Alvim, invocando a lição de Savatier, Ripert e Chironi, existe um dever indeterminado, previsto genericamente no art. 186 do CC, que emprega uma expressão bastante ampla, qual seja, violar direito, que tem por sujeitos passivos todas as outras pessoas.

A grande dificuldade aqui pode estar na culpa omissiva, uma vez que não se consegue facilmente determinar quando o agente deveria ter agido e não o fez, incorrendo, portanto, em culpa. De fato, ninguém está obrigado a ser o "bom samaritano" de seu próximo, mas a simples opção pode, sim, em determinadas circunstâncias, ensejar a plena reparação civil.

O elemento subjetivo

O elemento subjetivo da culpa, por sua vez, pode ser decomposto em dois aspectos inconfundíveis.

O primeiro é o aspecto anímico do autor, podendo variar entre a mera vontade do ato — cujo desvio, por negligência, imprudência ou imperícia, produz o evento danoso e antijurídico (culpa em sentido estrito) — ou ainda a vontade do ato dirigida a uma finalidade consciente e deliberadamente ilícita e danosa. Neste último caso tem lugar o dolo.

O segundo aspecto do elemento subjetivo da culpa diz respeito a ser o ato imputável, o que tanto pode significar ser o mesmo atribuível a um determinado agente (imputação) como ainda aludir à capacidade do sujeito, ou seja, seu discernimento e maturidade, além da possibilidade de ele agir de acordo com esse discernimento.

Quanto a este último sentido, é importante adiantar que o Código Civil trouxe interessante novidade sobre a responsabilidade civil dos incapazes. Com efeito, o art. 928 estabelece que "o incapaz responde pelos prejuízos que causar, se as pessoas por ele responsáveis não tiverem obrigação de fazê-lo ou não dispuserem de meios suficientes".

Portanto, a generalidade dos autores subordina a culpa a um elemento subjetivo, exigindo que o ato ilícito seja imputável ao seu autor. O termo imputável, assinalam os Mazeaud (1948), emprega-se em dois sentidos. Tomado na sua primeira e exata acepção, será sinônimo de atribuível. Mas também se emprega em sentido diverso: declarando-se que o ato ilícito deve ser imputável ao seu autor, pretende-se exigir que esse autor seja capaz de discernimento, que ele possa compreender as conseqüências dos seus atos. Savatier (1939) vê na imputabilidade (como pressuposto da culpabilidade) dois elementos: a possibilidade de conhecer o dever violado e a possibilidade, para o agente, de observar o dever. No tocante à reparação do dano causado pelo incapaz (seja em razão da pouca idade, seja em razão da falta de discernimento, resultante de deficiência mental), mostra-nos Wilson Melo da Silva (1974), em exaustivo exame das várias correntes doutrinárias e disposições legislativas, quando estamos longe de um denominador comum.

Em verdade, se a imputabilidade for um elemento da culpa, forçoso será reconhecer que a responsabilidade prevista no art. 928 é de caráter objetivo e aplica-se aos menores de 18 anos e a todos os demais incapazes por qualquer outra restrição em sua capacidade de entender e querer. Essa solução, contudo, não agrada alguns autores, que insistem na idéia de que o incapaz merece a proteção da lei e não pode responder de forma mais severa do que a responsabilidade reconhecida ao capaz e fundada na culpa (art. 186).

Espécies de culpa

Culpa *in abstracto* e culpa *in concreto*

A culpa pode ser classificada, de acordo com a sua forma de apreciação, em culpa *in abstracto* e culpa *in concreto*.

Na culpa *in abstracto* não se tomam em consideração as disposições especiais da pessoa ou seu grau particular de compreensão das coisas, sua educação, instrução e aptidões, seus meios e possibilidades individuais. Ao contrário, compara-se a conduta do autor do ato ao comportamento do homem abstratamente diligente,[17] o *bonus pater familias*, padrão de prudência engendrado pelos romanos.

Já na culpa *in concreto* aprecia-se a culpa pelo prisma das particularidades e individualidades do devedor, do indivíduo que tenha praticado o ato lesivo. Abandona-se, com efeito, a técnica comparativa para se concentrar exclusivamente no agente e suas singularidades.

---

[17] Lima, 1999:58.

Culpa *lato sensu*: dolo

A fórmula adotada pelo art. 186 do Código Civil, a exemplo do art. 159 do CC/16, compreende tanto o dolo, traduzido na locução "ação ou omissão voluntária", quanto a culpa em seu sentido estrito, ao referir-se a "negligência ou imprudência".

Tanto em um como em outro caso há conduta voluntária do agente, só que no primeiro deles a conduta já nasce ilícita, porquanto a vontade se dirige à concretização de um resultado antijurídico — o dolo abrange a conduta e o efeito lesivo dele resultante. No segundo caso, a conduta nasce lícita, tornando-se ilícita na medida em que se desvia dos padrões socialmente adequados.[18] Na culpa, portanto, o agente não procura o dano como objetivo de sua conduta, nem procede com a consciência da infração.[19]

A culpa em sentido amplo — como violação, imputável a alguém, de um dever jurídico, em decorrência de fato intencional ou de omissão de diligência e cautela — abrange, portanto, o dolo, isto é, quando ocorre intenção deliberada de ofender "o direito de outrem, ou causar-lhe prejuízo; há o pleno conhecimento do mal e o direto propósito de o praticar".[20]

Em suma, tradicionalmente, no dolo, o agente quer a ação e o resultado — naquilo que Carvalho de Mendonça (1956) qualifica de *animus injuriandi*, ou mesmo no *animus nocendi*, ou seja, a intenção de causar mal —, ao passo que na culpa ele só quer a ação ou a omissão, vindo a atingir o resultado por desvio acidental de conduta decorrente de falta de cuidado.[21]

---

[18] Cavalieri Filho, 2007:36.
[19] Pereira, 1999:233.
[20] Monteiro, 1999:274.
[21] Cavalieri Filho, 2007:36.

À luz desses princípios, define-se dolo como sendo "a vontade conscientemente dirigida à produção de um resultado ilícito". Decorre desse conceito que o dolo tem por elementos: a representação do resultado, vale dizer, a previsão, a antevisão mental do resultado; e a consciência da sua ilicitude.[22] Este, pelo menos, é o dolo *direto*, mas também não pode ser esquecido o chamado dolo *indireto* ou dolo *eventual* que ocorre quando o agente, embora não queira o resultado ilícito, assume com sua conduta o risco de que o mesmo venha a se produzir (CP, art. 18, I, *in fine*).

Culpa *stricto sensu*

A culpa em sentido estrito é caracterizada pela imprudência, negligência ou, ainda, pela imperícia, sem que haja deliberação de violar um dever.

Portanto, o ato pode ter sido praticado ou omitido sem intenção de ser nocivo; a negligência ou a omissão voluntária da diligência bastam para a "definição da culpa em sentido técnico; e pode se verificar tanto pelo não cumprimento da obrigação, como pelo seu adimplemento de um modo irregular".[23]

Com efeito, a culpa *stricto sensu* é definida como "a conduta voluntária contrária ao dever de cuidado imposto pelo direito, com a produção de um evento danoso involuntário, porém previsto ou previsível".[24] Daí se extraem os seguintes elementos para a culpa *stricto sensu*: conduta voluntária com resultado involuntário, isto é, a vontade, sem intenção danosa; previsão ou previsibilidade; e falta de cuidado, cautela e atenção, manifestada através da imprudência, da negligência e da imperícia.[25]

---

[22] Cavalieri Filho, 2007:37.
[23] Mendonça, 1956:1011.
[24] Ibid., p. 39.
[25] Cavalieri Filho, 2007:39

Culpa grave, leve e levíssima

Nas fontes romanas empregavam-se as expressões *culpa lata*, *culpa latir*, *magna culpa*, *dolo proxima*, *culpa levis*, *culpa levior*, estabelecendo-se assim uma gradação na conduta culposa do agente. Embora Moreira Alves (1965:46) pretenda que a culpa levíssima não tivesse sido referida nos textos romanos, demonstra Carvalho de Mendonça (1956:16) ter-se a ela referido o direito romano em única passagem, exatamente na *Lex Aquilia*.

Trabalhados tais conceitos pelos autores medievais, procedeu-se à classificação da culpa segundo três graus: a culpa lata, também chamada culpa grave, a culpa leve e a culpa levíssima.

Conquanto combatida essa classificação pela doutrina mais recente, e não estabelecida pelo CC, observa Clóvis Bevilacqua (1980:275) que "não quer isto dizer que em algumas situações a diligência em respeitar o direito não deva ser maior. Neste mesmo artigo (1.057; hoje a referência deve ser feita ao art. 392), afirma-se que, nos contratos unilaterais, o contraente, a quem o contrato aproveite, responde por simples culpa, ao passo que responde somente por dolo aquele a quem o contrato não favorece. Na doação, por exemplo, o doador somente responde por dolo, e o donatário, por culpa. O mesmo se dirá do comodante e do depositante".

Sob o aspecto prático, os autores tendem a equiparar a culpa grave, o erro crasso, ao dolo, ao passo que a culpa levíssima tende a ser confundida com caso fortuito ou a força maior. Por vezes é igualmente difícil diferenciar uma hipótese de responsabilidade civil por culpa levíssima de uma outra hipótese de responsabilidade sem nenhuma espécie de culpa, também chamada de responsabilidade civil objetiva.

Culpa lata ou grave é a negligência que se confunde com o desleixo.[26] Ocorre se o agente atuar com grosseira falta de cautela, com descuido injustificável ao homem normal,[27] impróprio ao comum dos homens.[28]

Falta ou culpa *levis*, ou leve, é a omissão dos cuidados que ordinariamente teria o *bonus pater famílias*.[29]

Culpa levíssima é aquela falta cometida que escaparia ao padrão médio, mas que um *diligentissimus pater familias*, especialmente cuidadoso, guardaria.[30] É a falta de atenção extraordinária, pela ausência de habilidade especial ou conhecimento singular.[31]

Na prática, a doutrina tradicional vê reduzida aplicação da distinção no direito civil. San Thiago Dantas (2002:99) já lecionava que, no direito civil, pune-se o inadimplemento das obrigações, tanto culposo como doloso, sem necessidade de que a lei faça uma especial referência, e do mesmo modo pune-se o dolo e a culpa nos atos ilícitos, indiferentemente. Ainda que levíssima, a culpa obriga a indenizar, nos termos do aforismo romano *in lege Aquilia et levissima culpa venit*.[32] Mas há exceções, como, por exemplo, a Súmula nº 145 do STJ, que só admite a responsabilidade civil de quem oferece um transporte gratuito quando tiver incorrido em dolo ou culpa *grave*.

Culpa extracontratual

A responsabilidade subjetiva é aquiliana ou extracontratual, uma vez que decorre de situação fática por meio da qual

---

[26] Bevilacqua, 1980:275.
[27] Cavalieri Filho, 2007:41.
[28] Monteiro, 1999:397.
[29] Cavalieri Filho, 2007:42; Bevilaqua, 1980:275.
[30] Pereira, 1999:233.
[31] Cavalieri Filho, 2007:42.
[32] De igual opinião é Sílvio Rodrigues (2003), muito embora questione a justiça da solução, principalmente nos casos de culpa extremamente leve.

se verifica o dano patrimonial ou moral à vítima.[33] Advém da ofensa a algum direito protegido, explícita ou implicitamente, pelo ordenamento jurídico.

De fato, na culpa *extracontratual* não há relação jurídica prévia entre as partes, tal como se observa na chamada culpa *contratual*, e este seria o fundamento suficiente para que, na primeira, o agente responda até mesmo por culpa levíssima, o que não ocorre na segunda, que exigiria ao menos uma culpa leve do agente.

Culpa pré-contratual

Na responsabilidade subjetiva pré-contratual o agente responde pelos atos preparatórios da contratação que vieram a gerar despesas para a vítima, a qual acreditava no cumprimento do contrato.

Nas chamadas negociações preliminares pode haver despesas consideráveis, na expectativa de que o negócio jurídico será cumprido, o que virá a ensejar responsabilidade daquele que frustrou os interesses da outra parte, causando-lhe prejuízos.

Saliente-se, contudo, que hoje a questão da responsabilidade pré-contratual parece ter migrado para os estudos relativos à boa-fé objetiva, abandonando, portanto, os contornos estritos da responsabilidade civil. Fala-se em eventual dever de reparar, mas por violação da boa-fé objetiva que deve nortear a conduta das partes contratantes.

Culpa contratual

No caso de culpa contratual, pressupõe-se a existência de um negócio jurídico celebrado pelas partes. Assim, é funda-

---

[33] Lisboa, 2004:556.

mental saber se o contrato estipulado prevê uma obrigação de meio ou uma obrigação de resultado, parecendo mais certo afirmar que a distinção tem relevância justamente em relação ao ônus da prova da culpa do devedor inadimplente. Na obrigação de resultado, a culpa estaria evidenciada na não-ocorrência do mesmo, ao passo que na obrigação de meio ela deveria ser demonstrada cabalmente pelo autor da ação de reparação, uma vez que o resultado não fez parte do objeto contratado.

Na responsabilidade subjetiva contratual as partes podem vir a fixar:

- cláusula limitativa de indenização, desde que não contrária à lei, à ordem pública ou aos bons costumes;
- cláusula exoneratória de responsabilidade que, da mesma forma, não contrarie a lei, a ordem pública e os bons costumes;
- assunção da obrigação, quando não proibida por lei;
- cláusula penal, observados os limites legais.

Culpa pós-contratual

Trata-se do dever jurídico que subsiste, mesmo após o vínculo contratual estar extinto, baseado no princípio da boa-fé objetiva.

Na *culpa post pactum finitum*, o agente deverá permanecer à disposição da outra parte, para lhe prestar o auxílio necessário à manutenção dos interesses que foram satisfeitos a partir do negócio jurídico, como, por exemplo, a assistência técnica a um bem. Mas, também aqui, a questão hoje está mais próxima de uma responsabilidade por violação da boa-fé objetiva do que, propriamente, em razão da verificação de eventual culpa do agente.

Culpa *in eligendo*, *in vigilando* e *in custodiando*

Não é nova a idéia de que a responsabilidade possa ser atribuída, por imposição legal, a terceira pessoa diversa daquela que praticou o dano, o ato ilícito (art. 186 do CC) desencadeador do dever de reparação (art. 927 do CC).

Abrindo uma exceção à regra geral da responsabilidade pessoal, a responsabilidade pelo fato de outrem faz surgir a responsabilidade de um sujeito muitas vezes estranho ao ato danoso.[34]

A responsabilidade nesses casos baseava-se exclusivamente na culpa, podendo esta assumir três facetas diferentes. Quando o fato era resultado da má escolha do preposto, chamava-se culpa *in eligendo*. A culpa *in vigilando*, por sua vez, decorria da falta de atenção ou cuidado com o procedimento de outrem que está sob a guarda ou responsabilidade do agente.[35] Era o caso dos pais, que respondiam pelos atos dos filhos impúberes, normalmente por falta de fiscalização ou de vigilância, como a expressão sugere. Era também o caso da empresa de transportes que acaso tolerasse a saída de veículos desprovidos de freios, dando causa a acidentes; era ainda o caso do hoteleiro que não vigiava as dependências do hotel, permitindo o acesso de ladrões que espoliavam os hóspedes.[36]

Já a culpa *in custodiando*, corolário da culpa *in vigilando*, caracterizava-se pela falta de atenção em relação ao animal ou coisa que estava sob os cuidados do agente.[37]

Assim, salvo por exceções derivadas da evolução da interpretação pretoriana, como ocorria com a responsabilidade do patrão e comitente (Súmula nº 341 do STF), em que a presunção de culpa era absoluta, a culpa de terceiro não participante direto do ato lesivo era presumida a partir das noções acima descritas, admitindo, contudo, em regra, prova em contrário. Processualmente, a técnica impunha a inversão do ônus da prova.

---

[34] Lima, 1973:27.
[35] Cavalieri Filho, 2007:42.
[36] Monteiro, 1999:398.
[37] Cavalieri Filho, 2007:42.

Todavia, a disciplina da responsabilidade pelo fato de outrem ganhou roupagem inteiramente nova com a vigência do Código Civil atual, o qual abandonou os principais fundamentos da presunção da culpa antes enumerados (*in eligendo*, *in vigilando* e *in custodiando*) para abraçar a teoria da responsabilidade objetiva nas hipóteses outrora reguladas pelos arts. 1.521, 1.522 e 1.523 do CC/16, e presentemente regidas pelos arts. 932 e 933 do CC.[38]

O art. 936, da mesma forma, ao estipular a responsabilidade objetiva do dono ou detentor do animal por danos por este causados, muda o posicionamento adotado pelo legislador no art. 1.527 do Código Civil de 1916, que via para essa típica hipótese de culpa *in custodiando* a presunção *juris tantum* da culpa do dono ou detentor do animal, admitindo, assim, prova em contrário.[39]

Atualmente não há mais a possibilidade de se superar a responsabilidade provando a guarda cuidadosa do animal. A responsabilização só será afastada no caso da incidência e prova pelo dono/detentor do animal de uma das excludentes de causalidade (força maior e culpa exclusiva da vítima).

Dispensada formalmente a apreciação do elemento culposo nessas hipóteses, esvaziam-se, por conseqüência, os fundamentos da culpa *in eligendo* e da culpa *in vigilando*.

---

[38] Exemplo de decisão neste sentido é a seguinte: "Civil. Responsabilidade civil dos pais pelos atos ilícitos dos filhos. Menor púbere. Legitimidade passiva *ad causam*. Culpa *in vigilando*. Presunção *juris tantum*. Solidariedade. 1. Consoante entendimento jurisprudencial, os pais respondem pelos atos ilícitos praticados pelos filhos, salvo se comprovarem que não concorrem com culpa para a ocorrência do dano. 2. A presunção da culpa beneficia a vítima, cabendo aos pais o ônus da prova. 3. Embora o art. 156 do CC equipare o menor púbere ao maior, para fins de responder pelas obrigações decorrentes de atos ilícitos, os pais respondem solidariamente pelo dano, detendo legitimidade passiva para a ação por meio da qual se postula indenização" (STJ, 4ª T., REsp. nº 13.403/RJ; rel. min. Sálvio de Figueiredo Teixeira; julgado em: 6-12-1994, *DJ*, 20-2-1995. p. 3.186).

[39] Silva, 2002:834.

A gradação da culpa e o dever de reparar

Conforme já mencionado, a solução tradicional impunha àquele que causou o dano a outrem, através de uma falta de qualquer intensidade (grave, leve ou levíssima), o dever de reparar integralmente o prejuízo da vítima. Tal regra, entretanto, não vigora mais em caráter absoluto, dada a inserção, no art. 944 do CC, da seguinte norma jurídica: "a indenização mede-se pela extensão do dano. Parágrafo único. Se houver excessiva desproporção entre a gravidade da culpa e o dano, poderá o juiz reduzir, eqüitativamente, a indenização".

O *caput* do aludido artigo consagra em grau infraconstitucional a regra que antes só tinha amparo constitucional (art. 5º, V) e era amplamente acatada pela doutrina: o princípio da reparação integral do dano.

É o parágrafo único que carrega o conteúdo inovador, atraindo atenção e aplausos de civilistas de renome.[40] O dispositivo adota a teoria da gradação da culpa a influenciar o *quantum* indenizatório, mas, ressalte-se, somente possibilita sua diminuição diante da desproporção entre a gravidade da culpa e o dano.[41]

Para Sílvio Rodrigues, este último dispositivo, contemplando a hipótese de uma enorme indenização ser paga por quem atuou com culpa levíssima, confere ao juiz o poder de agir eqüitativamente e de assim reduzir a indenização quando houver desproporção entre o montante desta e o grau de culpa do responsável.[42]

---

[40] Rodrigues, 2003:150.

[41] Silva, 2002:841.

[42] Ao comentar o referido artigo, Rodrigues (2003:150) opina: "conforme já disse acima, a solução tradicional, impondo àquele que causou o dano a outrem através de uma falta levíssima o ônus de reparar todo o prejuízo, por maior que ele seja, não me parece justa. Daí a razão por que aplaudi com a maior veemência o inciso do Projeto de Código Civil que se transformou no art. 944 do Código de 2002".

Regina Beatriz Tavares da Silva (2002:842) entende, por sua vez, que ao juiz devem ser conferidos amplos poderes, tanto na definição da forma como da extensão da reparação cabível, reconhecendo, assim, a possibilidade de majoração da reparação. Essa visão, contudo, parece ferir os fins da norma.

Em verdade, deve ser observado que o dispositivo em análise incide apenas nos casos de desproporção excessiva entre a intensidade da culpa e o dano, sendo irrelevante, assim, eventual desproporção entre a riqueza de um e a pobreza de outro dos envolvidos.[43]

No entanto, conforme ressalta Silvio Venosa (2003:28), o dano moral, no sentido de indenização pecuniária, tem não apenas cunho de reparação do prejuízo, mas também caráter punitivo ou sancionatório, pedagógico, preventivo e repressor: a indenização não só repara o dano, repondo o patrimônio abalado, mas também atua como forma educativa ou pedagógica para o ofensor e a sociedade, visando evitar perdas e danos futuros.[44]

O professor Fernando Noronha (2003a:440) assim discorre sobre o tema:

> não se deve exagerar na idéia de punição através da responsabilidade civil: a função dissuasória tem sempre um papel secundário; em princípio, a responsabilidade visa apenas a reparar danos. Um sancionamento do ofensor só terá justificação quando haja dolo ou culpa; unicamente nestes casos a reparação civil do dano pode passar a ser uma pena privada. Mesmo nestas situações, parece que o agravamento da indenização só se justifica na medida em que a idéia de punição do responsável (através da imposição de pagar uma quantia) constitua ainda uma forma de satisfação proporcionada aos lesados, para de certo modo lhe aplacar a ira.

[43] Facchini Neto, 2003a:31.

[44] Assim é que surgiram no direito anglo-saxão os chamados *punitive damages*.

Todavia, não se consegue observar em que medida o disposto nesse artigo poderá atender aos anseios daqueles que defendem o chamado caráter punitivo ou pedagógico do dano moral. Em verdade, a norma aqui estudada está na contramão desse pensamento, que só deveria prevalecer em nosso ordenamento na hipótese de norma legal expressa, sendo esta ainda inexistente.

Concorrência de culpas

Costuma-se falar em culpa concorrente quando, paralelamente à conduta do agente causador do dano, há também conduta culposa da vítima, de modo que o evento danoso decorre do comportamento culposo de ambos.[45]

A doutrina tem preferido aludir a concorrência de causas ou concorrência de responsabilidade, porque, a rigor, embora a locução tenha sido consagrada pelo costume, a questão parece estar mais relacionada à causa do que à culpa. A vítima também concorre para o evento, e não apenas aquele que é apontado como único causador do dano.[46]

Questões de automonitoramento

1. Conceitue culpa.
2. Quais são os fundamentos da culpa?
3. Enumere os elementos da culpa, explicando-os.
4. Defina a concepção normativa de culpa.

---

[45] Cavalieri Filho, 2007:45.
[46] Ibid.

2 Responsabilidade civil extracontratual

Casos geradores

Caso 1

Pedro e Ricardo trabalham na mesma empresa há vários anos. Além desse emprego, Pedro utiliza o furgão de seu irmão Rodrigo para fazer "lotação" nas horas que antecedem o expediente. Enquanto Pedro segue de furgão para a empresa, Ricardo vai e volta todos os dias de carona com a sua esposa, Elizabeth, que trabalha bem próximo deles.

Certo dia em que o carro da família de Ricardo estava na oficina, Pedro, que mora no mesmo edifício de Ricardo e Elizabeth, ofereceu-se para levá-los ao trabalho de furgão, sem, contudo, cobrar pelo transporte.

No meio do percurso, no entanto, o furgão de Pedro envolveu-se num acidente com um carro que havia ultrapassado o sinal vermelho. Os dois ocupantes do outro carro ficaram feridos, assim como Pedro, que teve de ser hospitalizado por duas semanas e ainda sofreu deformação irreparável no rosto.

Sabendo-se que Rodrigo possui licença concedida pela municipalidade para o transporte de passageiros, e que, no momento do acidente, o furgão transitava 5 km acima do limite de velocidade da rodovia, pergunta-se: considerando que os dois ocupantes do outro carro não possuem patrimônio, estando afundados em dívidas e respondendo a várias execuções civis e fiscais, poderia Pedro ser demandado civilmente, ficando obrigado a reembolsar as despesas médicas incorridas por Ricardo e os lucros não obtidos em virtude do período de internação? Caso seja positiva a resposta, tal responsabilidade seria subjetiva ou objetiva? Contratual ou extracontratual? Da mesma forma, poderia Rodrigo ser responsabilizado? Que danos foram caracterizados com o acidente?

Caso 2

O jornal *A Madrugada*, com tiragem equivalente a 200 mil exemplares e distribuição nacional, publicou uma fotografia de José cuja legenda dizia ser ele o "perigoso matador de adolescentes" que praticava seus crimes nos arredores de Petrópolis. Ocorre que José era conhecido político na cidade serrana em questão, tendo sido a fotografia trocada na redação por engano dos jornalistas, que queriam incluí-lo na coluna social do periódico. Citado em ação indenizatória promovida por José, o jornal responsável pela publicação alega não ter havido dano à imagem do autor, já que, por ser ele figura conhecida na cidade, todos sabiam tratar-se de equívoco. Convicto de seus argumentos, mas apenas por amor ao debate, requereu o jornal que, em caso de um eventual julgamento contrário aos seus interesses, fosse limitada a indenização aos patamares impostos pela Lei de Imprensa, em especial pelo seu art. 51, inciso IV.[47]

[47] Caso concreto apresentado no material da Escola de Magistratura do Rio de Janeiro em 2003.

Pergunta-se: no caso, trata-se de responsabilidade subjetiva ou objetiva? Contratual ou extracontratual? O fato de ter sido trocada a fotografia exclui a responsabilidade do jornal?

Roteiro de estudo

Conceito e funções da responsabilidade civil

A palavra *responsabilidade* deriva do latim *responsus*, particípio passado do verbo *respondere*, que sugere a idéia de responder pelos atos.[48] A idéia que norteia a responsabilidade civil é a preocupação de evitar a subsistência de um prejuízo injusto, impondo um deslocamento patrimonial do lesante para o lesado.[49]

Os romanos referiam-se a obrigações nascidas *ex delicto*. Os juristas anglo-saxões utilizavam o vocábulo *torts*. Por sua vez, o legislador francês empregou por vezes a expressão *garantie*.[50]

Herbert Hart (1999:99) diz bem que a responsabilidade é a força do dever, sendo o vínculo que leva ao seu cumprimento, externamente eficiente.

Em nome do equilíbrio moral e patrimonial e da manutenção do convívio social, o Estado impõe aos indivíduos certas limitações na liberdade de ação e exercício dos seus direitos. A ordem jurídica estabelece deveres que, conforme a natureza do direito a que correspondem, podem ser tanto positivos, de dar ou fazer, como negativos, de não fazer ou tolerar alguma coisa. Fala-se, até, em um dever geral de não prejudicar ninguém, expresso pelo direito romano através da máxima

[48] Garcez Neto, 2000:42.
[49] Pessoa, 1995:11.
[50] Garcez Neto, 2000:42.

neminem laedere, cuja transgressão provocaria o surgimento da obrigação de indenizar.[51]

Savatier (1939)[52] definiu a responsabilidade civil como uma infração de um dever legal (*ex lege*) ou contratual (*ex voluntate*) por parte do agente, resultando em dano a alguém, tendo lugar o dever de reparação. Daí definir-se responsabilidade civil como a obrigação que pode incumbir uma pessoa de reparar o prejuízo causado a outra, por fato próprio ou por fato de pessoas ou coisas que dela dependam.

No entanto, num mundo de permanentes e rápidas mutações ditadas pelo vertiginoso progresso tecnológico de nossa era, natural e mesmo inevitável seria o desejo de "mecanizar" todas as coisas, dos trens elétricos aos vôos espaciais, levando os juristas a proporem que o conceito de risco substituísse o princípio da culpa como fundamento da responsabilidade civil.[53]

Desde a Antiguidade já se defendia a responsabilidade sem culpa como um fundamento mais humano, além de se identificar com o sentimento de solidariedade social, chegando-se à conclusão de que cada um deve sofrer o risco de seus atos, sem cogitar da idéia de culpa, porque a responsabilidade existe sempre que do ato resultar dano e, precisamente em razão desse dano, não há necessidade de investigar se houve ou não culpa.[54]

Assim, a responsabilidade civil surge no direito como um instituto com uma função precípua: a de reparar o dano, recolocando o prejudicado no *status quo ante*, buscando o retorno do equilíbrio econômico-jurídico atingido: danos causados à pessoa ou ao patrimônio de outrem, ou danos causados a

---

[51] Cavalieri Filho, 2007:21.
[52] Apud Rodrigues, 2003:6.
[53] Garcez Neto, 2000:9.
[54] Ibid., p. 11.

interesses coletivos ou transindividuais, sejam estes difusos, sejam coletivos.[55]

Cabe ressaltar a distinção entre responsabilidade e obrigação. Obrigação é sempre um dever jurídico originário, e responsabilidade é um dever jurídico sucessivo, conseqüente à violação do primeiro.[56]

Coloca-se na obrigação, então, o vínculo, composto pelo dever, que para Kelsen (1999) será a conduta que evita a sanção. Acontece que da inexecução de algum dever surge normalmente outro, derivado deste: o de indenizar ou reparar dano causado pela não realização do dever previsto. Qual a diferença entre o vínculo primário do dever (*schuld*) e esse dever secundário (*haftung*)? Este último é, justamente, o que se configura como *vínculo de responsabilidade*. Essa distinção kelseniana entre obrigação (dever) e responsabilidade é útil para compreendermos o significado jurídico da palavra *responsabilidade*. Segundo Kelsen (1999:124), o dever se refere à conduta, enquanto a responsabilidade se refere à sanção.

Conforme nos ensina Sérgio Cavalieri Filho (2007:24),

> Assim como não há sombra sem corpo físico, também não há responsabilidade sem a correspondente obrigação. Sempre que quisermos saber quem é o responsável teremos que identificar aquele a quem a lei imputou a obrigação, porque ninguém poderá ser responsabilizado por nada sem ter violado dever jurídico preexistente.

Em outras palavras, não há responsabilidade sem violação de dever jurídico preexistente, uma vez que responsabilidade pressupõe o descumprimento de uma obrigação.[57]

---

[55] Noronha, 2003a:13.
[56] Cavalieri Filho, 2007:24.
[57] Ibid., p. 25.

Podem-se identificar três funções da responsabilidade civil:

- *função sancionatória*, que se assemelharia à função retributiva da responsabilidade penal. "A maior ou menor censurabilidade da conduta do responsável tem alguns reflexos na obrigação de reparar os danos causados, aproximando muitas vezes a indenização de uma pena privada."[58] Poderá acrescer o montante a ser pago, que reverte em benefício do ofendido, ou ainda reduzi-lo;
- *função reparatória*, visando arcar com o prejuízo econômico causado (indenização do dano patrimonial) ou minorar o sofrimento infligido (satisfação compensatória do dano moral). Aqui, ao contrário do que se diz sobre a função sancionatória da responsabilidade civil, "nem a maior ou a menor censurabilidade da conduta do responsável, nem sua maior riqueza, nem a condição social ou econômica do lesado terão reflexo na determinação do montante indenizatório";[59]
- *função preventiva*, pois a responsabilidade civil, assim como no âmbito criminal, também visa a evitar a prática de atos lesivos por parte do agente lesante. Ao obrigar-se o lesante a reparar o dano causado, pretende-se evitar a repetição do ato não só de sua parte, como também de outras pessoas, ou seja, evitar que o dano se agrave.

Evolução da responsabilidade civil

Direito romano

1ª fase: a vingança privada. Forma primitiva — talvez selvagem, mas humana — da reação espontânea e natural contra o

---

[58] Noronha, 1999:42.
[59] Ibid., p. 41.

mal sofrido; solução comum a todos os povos nas suas origens, para a reparação do mal pelo mal. É a vingança pura e simples, a justiça feita pelas próprias mãos da vítima de uma lesão.[60]

2ª *fase*: o uso consagra em regra jurídica o talião. O legislador se apropria da iniciativa particular, intervindo para declarar quando e em que condições a vítima tem o direito de retaliação (*vindita meditada*).[61] Vigorava, então, a regra do "olho por olho, dente por dente".

3ª *fase*: a composição voluntária. A vindita é substituída pela composição pela qual o lesado poderia transigir com o ofensor, recebendo deste um resgate (*poena*), isto é, uma soma em dinheiro, ou a entrega de objetos.[62] O legislador sanciona o uso e veda à vítima fazer justiça pelas próprias mãos.[63]

4ª *fase*: a composição tarifada. A Lei das Doze Tábuas fixava, nos casos concretos, o valor da pena a ser paga pelo ofensor. Nasce o germe da inteligência social, entendendo-se que a regulamentação dos conflitos não era mais somente uma questão entre particulares.[64] Não existia ainda um princípio geral de responsabilidade civil.

5ª *fase*: a Lei Aquília derrogou todas as leis que antes dela tratavam do dano como injúria, não só a Lei das Doze Tábuas, como qualquer outra. A Lei Aquília compunha-se de quatro elementos: o dano causado em parte da fortuna do ofendido; o dano devia ser causado por um corpo sobre outro corpo (*corpore corpori datum*); por exemplo, deixar um escravo morrer de fome não incidia na Lei Aquília, caso o ofensor não tocasse na vítima; ausência do elemento correspondente à palavra injúria, encontrado nas fontes e que significa atuar *nulo iure*; e, por fim,

---

[60] Lima, 1999:19.
[61] Dias, 2006:17.
[62] Lima, 1999:20.
[63] Dias, 2006:17.
[64] Lima, 1999:21; Dias, 2007:18.

o dano deve ser causado ao dono da coisa danificada, porque só se refere aos que são proprietários e não compreende a coisa, objeto de outro direito real.[65]

Todavia, a respeito dessa famosa lei, é preciso enfatizar que no direito romano a responsabilidade por culpa nunca chegou a constituir um princípio geral, ficando a sua aplicação restrita a hipóteses limitadas.

Somente na idade moderna se registrou o segundo momento, representado pela formulação do princípio geral da "não-responsabilidade sem culpa", que se deve essencialmente aos juristas da escola de direito natural dos séculos XVII e XVIII, a chamada escola jusracionalista, na qual o direito era fundado na razão.[66]

Direito francês

O Código Civil francês é a mais importante fonte de inspiração para os diplomas e legislações modernos, sobretudo para os latinos. Nele se estabeleceu um princípio geral da responsabilidade civil, abandonando o critério de composição obrigatória. O direito francês avançou muito além das idéias românicas, passando a tutelar não só o prejuízo visível, material e externo, mas também as perdas, vale dizer, as expectativas futuras concretas. Seguindo a tradição de seu direito, o *Code Napoleon* proclamou, em seu art. 1.382,[67] a responsabilidade extracontratual, com fundamento na culpa.[68]

---

[65] Garcez Neto, 2000:27.

[66] Lima, 1999:20.

[67] "Todo e qualquer ato do homem que cause a outrem um dano obriga aquele por culpa de quem esse dano ocorreu a repará-lo."

[68] "Responsabilidade civil — o dever de indenizar, consagrado pelo nosso CC, não se limita ao dolo ou a culpa grave, mas abrange todo ato ilícito, por ação ou omissão, desde que cause dano. Não repugna ao nosso direito a construção doutrinária da responsabilidade por danos causados pelas coisas inanimadas, elaboradas à base do art. 1.384, §1º, do Código de Napoleão, em face dos riscos causados por máquinas e motores, ou por veículos motorizados" (STF — RE 67.313, julgado em 12-9-1969, Seção I, 1ª Turma).

Direito alemão

O Código Civil alemão (*Bürgerliches Gesetzbuch*), de 1896, não possui cláusula geral sobre responsabilidade por ato ilícito. Apresenta três hipóteses de responsabilidade extracontratual nos dois parágrafos de seus arts. 823[69] e 826. Seria o princípio da responsabilidade com base na culpa.

Direito austríaco[70]

Ao contrário, o Código Civil austríaco possui cláusula genérica sobre responsabilidade civil extracontratual com culpa em seu art. 1.295, assim dispondo: "todos poderão pleitear indenização quando houver prejuízo comprovado, por culpa do agente, proveniente de descumprimento contratual ou independente de qualquer contrato". O direito suíço segue essa mesma linha.

Common Law

No sistema da *Common Law*, a responsabilidade civil extracontratual recebe a denominação de *tort*.

Cada *tort* é analisado separadamente, com seus respectivos elementos, originando diversos *cases* que serão analisados separadamente. Assim, encontramos diversas espécies de *torts* tanto no sistema norte-americano quanto no sistema inglês:

---

[69] "Aquele que, intencionalmente ou por negligência, atentou contra a integridade corporal, a vida, a saúde, a liberdade, a propriedade ou qualquer outro direito de outrem é obrigado, em relação à pessoa lesada, à reparação do prejuízo causado. A mesma obrigação incumbe a quem contravém a uma lei que tem por fim a proteção de outrem. Se, conforme o teor dessa lei, se pode contravir, mesmo que para isto não haja necessidade de culpa, a responsabilidade civil não existe se uma culpa não se produz."
[70] Zweigert e Kötz, 1998:598.

trespass, *protect of honour*, *professional reputation*, *privacy against attack*, *economic loss* e *negligence*.[71]

No direito inglês, os tribunais fundavam as suas decisões no âmbito restrito do contrato (*privity of contract*), tendo a Câmara dos Lordes, com a evolução do mercado, estipulado o dever genérico de diligência (*duty of care*) em várias hipóteses.

Com o caso Donoghue v. Stevenson (1932) esse quadro foi substancialmente alterado, apresentando particulares reflexos em matéria de prova, já que até aí o ônus da prova da culpa recaía sobre o lesado. Do caso Donoghue é extraída uma regra segundo a qual, em face de um produto defeituoso, o fato falará por si (*res ipsa loquitur*), sem necessidade de prova da culpa do fabricante, ou seja, a *responsabilidade objetiva*.

O Consumer Protection Act de 1987 provocou o decisivo reconhecimento da responsabilidade objetiva do produtor — ou seja, a responsabilidade isenta de culpa — no ordenamento jurídico anglo-saxônico.

Direito brasileiro

Pode-se dividir a evolução da responsabilidade civil no ordenamento brasileiro em três fases distintas. Inicialmente, as Ordenações do Reino tinham presente o direito romano, devendo aplicar subsidiariamente o direito pátrio, segundo a Lei da Boa Razão, cujo art. 2º prescrevia que o direito romano serviria de subsídio nos casos omissos, por serem muitas as suas disposições fundadas na boa razão.[72]

---

[71] Eis alguns *leading cases* referentes aos *torts* mencionados: *trespass* — Scott v. Shepher; Rylands v. Fletcher; Moorgate Mercantile Co. v. Finch and Read; *economic loss* — Derry v. Peek; Lumley v. Gye; Rookes v. Barnard; *negligence* — (direito norte-americano) Donoghue v. Stevenson; Overseas Tankship v. Morts Dock & Engineering Co.; MacPherson v. Buick Motor.

[72] Gomes, 2000:18.

A segunda fase tem início com o código criminal de 1830, com a introdução do instituto da "satisfação", a idéia de ressarcimento, que encontra em Aguiar Dias (2006:20) apreciação encomiástica, ao afirmar que as regras ali estabelecidas poderiam oferecer aos tribunais brasileiros orientação segura para apreciar casos de responsabilidade civil.

A terceira fase inicia-se com Teixeira de Freitas, que defendia a independência entre a responsabilidade civil e a criminal. A satisfação do dano causado pelo delito passou para o seu lugar próprio, que é a legislação civil.[73]

Com o progresso científico e a explosão demográfica surgia uma nova concepção de responsabilidade civil. Foi inicialmente no campo dos acidentes do trabalho que a noção de culpa como fundamento da responsabilidade revelou-se insuficiente, pois o operário ficava desamparado diante da dificuldade de provar a culpa do patrão. Sucessivamente o mesmo ocorreu com os transportes coletivos. Como provar a culpa do transportador por um acidente ocorrido a centenas de quilômetros de casa?[74]

Portanto, a teoria subjetiva passa a ser insuficiente para atender às novas necessidades. E foi exatamente essa concepção que vigorou nos códigos civis modernos, incluindo o Código Civil brasileiro (art. 186, CC).

O Código Civil de 1916, ao contrário, era predominantemente subjetivista, pois todo o seu sistema estava fundado na cláusula geral do art. 159 (culpa provada), tão hermética que a evolução da responsabilidade civil deu-se através de leis especiais. O novo código, conforme já ressaltado, fez profunda modificação nessa disciplina, a fim de se ajustar à evolução

[73] Gomes, 2000:18
[74] Cavalieri Filho, 2007:144.

ocorrida na área da responsabilidade subjetiva, optando pela responsabilidade objetiva em diversas hipóteses.[75] Exemplo disso são os arts. 187, 927 (parágrafo único), 931, 932 c/c 933, 936, 937 e 939.

A responsabilidade civil na teoria geral do direito

Fato jurídico

Fato é qualquer acontecimento ou fenômeno provocado pela natureza ou pela vontade do homem. *Fato jurídico* é qualquer fato que entre no mundo jurídico, podendo ser contrário ao direito ou não.[76]

Os fatos jurídicos podem ser *naturais*, quando há ação humana, mas que gera efeitos jurídicos, como, por exemplo, o nascimento, a morte, a tempestade etc., ou *voluntários*, quando têm origem na conduta humana, subdividindo-se em lícitos ou ilícitos; lícitos quando o fato é praticado de acordo com a lei, e ilícitos quando a contraria.[77]

Ato jurídico e negócio jurídico

Os atos lícitos, por sua vez, se dividem em ato jurídico e negócio jurídico. O ato jurídico, também denominado *ato jurídico meramente lícito*, seria aquele praticado sem intenção direta de ocasionar efeitos jurídicos, ou seja, ainda que ele possa vir a ocasionar efeitos jurídicos, não tem essa intenção.

Cabe ressaltar que o Novo Código Civil introduziu a redação do art. 185: "aos atos jurídicos lícitos, que não sejam ne-

---

[75] Cavalieri Filho, 2007:158.
[76] Miranda, 1954, v. 1, p. 183.
[77] Cavalieri Filho, 2007:28.

gócios jurídicos, aplicam-se, no que couber, as disposições do título anterior".

Já os negócios jurídicos (nomenclatura utilizada pelo NCC, art. 185) dependem também da vontade do ser humano, mas, ao contrário do ato jurídico meramente lícito, há intencionalidade na produção de efeitos. Porém, não é necessário que o negócio jurídico seja bilateral, sendo nesse caso o exemplo mais comum o testamento, que é um ato unilateral e também um negócio jurídico, pois o testador está procurando atingir determinados efeitos jurídicos.

Ato ilícito *stricto sensu* e ato ilícito *lato sensu*

Quanto à distinção entre ato e negócio jurídico, nos ensina o professor Sérgio Cavalieri Filho (2007:32):

> Convém observar que, enquanto os atos jurídicos podem se restringir a meras declarações de vontade, como, por exemplo, prometer fazer ou contratar etc., o ato ilícito é sempre uma conduta voluntária. Se é ato, nunca o ato ilícito consistirá numa simples declaração de vontade. Importa dizer que ninguém pratica ato ilícito simplesmente porque promete a outrem causar-lhe um prejuízo.

Portanto, o ato ilícito em sentido estrito (ou simplesmente ato ilícito), engloba não só o aspecto do comportamento contrário à ordem jurídica, mas também e principalmente o dano injusto, consistente no prejuízo à esfera jurídica alheia,[78] incluindo um conjunto de pressupostos. A responsabilidade subjetiva continua fulcrada no ato ilícito *stricto sensu*, ou seja, a culpa

[78] Cavalieri Filho, 2007:27-28.

está inserida como um dos pressupostos da responsabilidade subjetiva.[79]

Ainda em seu art. 187 o Código Civil prevê um outro conceito de ato ilícito que abrange o excesso ou o abuso de direito, em que a culpa não consta como elemento, e sim a boa-fé, os bons costumes e o fim econômico ou social do direito.[80]

O fim econômico ou social, isto é, o exercício de um direito sobre um bem corpóreo ou incorpóreo não pode ser prejudicial aos interesses socialmente mais relevantes: por exemplo, quando na função social do contrato se cuida para que as partes não prejudiquem interesses jurídicos de terceiros determinados ou indeterminados.

Não se pode esquecer da boa-fé, que poderia ser dividida em seus aspectos *subjetivo*, englobando o sentimento psicológico de injustiça, e *objetivo*, isto é, a conduta esperada por outra pessoa: por exemplo, um comprador que espera receber de um vendedor instruções verídicas acerca de um produto.

Os bons costumes assumem o papel de elemento garantidor da moral pública.[81]

Já em sentido amplo, o ato ilícito limita-se apenas à ilicitude do ato, à conduta humana antijurídica, contrária ao direito, sem qualquer referência ao elemento subjetivo ou psicológico, sem indicação de ofensa ao direito de outra pessoa.[82]

Assim, em sede de responsabilidade civil objetiva, só há amparo do ato ilícito *lato sensu* (entendido como a mera con-

[79] Art. 186, CC: "aquele que, por ação ou omissão voluntária, negligência ou imprudência, violar direito e causar dano a outrem, ainda que exclusivamente moral, comete ato ilícito".

[80] Art. 187, CC: "também comete ato ilícito o titular de um direito que, ao exercê-lo, excede manifestamente os limites impostos pelo seu fim econômico ou social, pela boa-fé ou pelos bons costumes".

[81] Lisboa, 2004:429.

[82] Cavalieri Filho, 2007:28.

trariedade entre a conduta e a ordem jurídica) onde há violação de um dever jurídico preexistente.

Classificações de responsabilidade

Responsabilidade jurídica e moral

Não há uma identidade exata entre o direito e a moral. O domínio da moral é muito mais amplo que o do direito. A este escapam muitos problemas subordinados àquele, pois a finalidade da regra jurídica se esgota em manter a paz social, e tal paz só é atingida quando a violação se traduz em prejuízo.[83]

Muitos são os atos que permeiam exclusivamente a consciência individual do agente, sem ganhar manifestação externa, objetiva, sendo, pois, estranhos à ordem jurídica. Haverá situações outras em que a falta do agente é tão ligeira que o prejuízo não poderia ser previsto, não impondo a moral necessariamente a reparação do prejuízo causado, como determina o direito.[84] Diversamente, nas obrigações naturais, fundadas que são na moral, a lei não impõe o dever de reparação, mas protege contra a repetição de indébito.

Por outro lado, não se pode negar que as regras de direito careceriam de fundamento se não estivessem baseadas na ordem moral coletiva.

A noção de dano e a preocupação com a reparação têm na responsabilidade jurídica um papel muito diferente daquele que desempenham na responsabilidade moral.[85]

---

[83] Dias, 2006:4.
[84] Ripert, 2000:206.
[85] Garcez Neto, 2000:45.

Responsabilidade civil e penal

Não é raro sustentar-se em doutrina que a responsabilidade civil e a penal distinguem-se pelo fato de esta última situar-se no setor da ordem pública e de suas normas visarem à defesa da sociedade, ao passo que o direito civil permaneceria exclusivamente confinado ao direito privado, que tem em mira apenas a defesa do indivíduo.[86]

Atualmente, tais argumentos são insustentáveis. Isso porque o ilícito, tanto no caso de responsabilidade civil como no das penas, é ontologicamente o mesmo.[87]

A separação entre uma e outra ilicitude atende apenas a critérios de conveniência ou de oportunidade, afeiçoados à medida do interesse da sociedade e do Estado, variável no tempo e no espaço. A única diferença entre a ilicitude penal e a civil é somente de quantidade e grau; está na maior ou menor gravidade ou imoralidade de uma em cotejo com a outra. O ilícito civil é um *minus* ou *residum* em relação ao ilícito penal. Em outras palavras, as condutas humanas que atingem bens sociais de maior relevância são sancionadas pela lei penal, ficando para a lei civil a repressão das condutas menos graves.[88]

Assim, uma mesma conduta pode incidir concomitantemente em ambos os campos, caracterizando dupla ilicitude.

É, pois, de ordem política a razão determinante de a ilicitude enquadrar-se no campo da responsabilidade civil ou da criminal, sendo comum que um mesmo ato atinja ambos.

Portanto, do delito surgem duas ações: uma penal e uma civil. Ambas têm uma mesma origem, mas objetivos distintos: a penal tende à sanção instituída na legislação penal, como meio

---

[86] Nesse sentido, ver Chaves (1985:42), citando Giovanni Formica. Ver também Bevilaqua (1980:272-273).

[87] Facio, 1954:29.

[88] Cavalieri Filho, 2007:36.

de proteção e segurança sociais; a civil visa a reparar o prejuízo sofrido pela parte lesada.[89]

A sentença penal condenatória faz coisa julgada no cível, de acordo com o art. 91, I, do Código Penal, e o art. 584, II, do Código de Processo Civil. Sendo o ilícito e a culpa penal mais graves, estariam também caracterizados os menos graves.[90]

A responsabilidade contratual e a extracontratual e a teoria unitária (a responsabilidade negocial e a extranegocial)

Uma pessoa pode causar prejuízo a outra tanto por descumprir uma obrigação contratual como por praticar outra espécie de ato ilícito. Desse modo, existiria, ao menos aparentemente, uma responsabilidade contratual, diversa da responsabilidade extracontratual, também chamada aquiliana.[91]

Se preexiste um vínculo obrigacional, e o dever de indenizar é conseqüência do inadimplemento, tem-se a chamada responsabilidade contratual ou ilícito contratual ou relativo. Se esse dever surge em virtude de lesão a direito subjetivo, sem que entre o ofensor e a vítima preexista qualquer relação jurídica que o possibilite, temos a responsabilidade extracontratual.[92]

---

[89] Garcez Neto, 2000:56.

[90] Cavalieri Filho, 2007:37.

[91] A nomenclatura "responsabilidade aquiliana", como sinônimo de responsabilidade extracontratual, tem sido censurada, pois suas origens estariam indissoluvelmente ligadas à noção de culpa, ao passo que são variados os casos de responsabilidade extracontratual que prescindem da investigação de culpa. Ver Rodrigues (2003). Noronha (1993:13) classifica a responsabilidade civil em duas modalidades: a obrigação de reparação de danos resultantes do inadimplemento, da má execução ou do atraso no cumprimento de obrigações negociais (isto é, nascidas de contratos e negócios jurídicos unilaterais); e a obrigação de reparação de danos resultantes da violação de outros direitos alheios, sejam eles absolutos (como os direitos da personalidade, os direitos reais e os direitos sobre bens imateriais), sejam simples direitos de crédito constituídos entre pessoas.

[92] Cavalieri Filho, 2007:37.

O eixo dessa divisão resume-se na noção de culpa, originária da doutrina francesa. A partir daí os juristas franceses passaram a distinguir a responsabilidade contratual da responsabilidade extracontratual, devido às nítidas diferenças entre culpa contratual e culpa extracontratual.[93]

Tanto na responsabilidade extracontratual quanto na contratual há violação de um dever jurídico preexistente. A distinção está na sede desse dever. Haverá responsabilidade contratual quando o dever jurídico violado estiver previsto no contrato. A norma convencional já define o comportamento dos contratantes e o dever específico a cuja observância ficam adstritos. E como o contrato estabelece um vínculo jurídico entre os contratantes, costuma-se dizer que na impossibilidade contratual já há uma relação jurídica preexistente entre as partes (relação jurídica, e não dever jurídico preexistente, porque este sempre se faz presente em qualquer espécie de responsabilidade). Existirá responsabilidade extracontratual se o dever jurídico violado não estiver previsto no contrato, mas sim na lei ou na ordem jurídica.

O Código de Defesa do Consumidor superou essa distinção entre a responsabilidade contratual e a extracontratual no que tange ao fornecedor de produtos e serviços. Ao equiparar ao consumidor todas as vítimas do acidente de consumo, submeteu a responsabilidade do fornecedor a um tratamento unitário, visto que o fundamento dessa responsabilidade é a violação do dever de segurança, ou seja, o defeito do produto ou serviço disponível ao consumidor que ocasiona um acidente de consumo.

Assim, os direitos e os deveres das pessoas estão determinados quer pela norma que expressa a vontade geral (a lei),

---

[93] Garcez Neto, 2000:67.

quer pelos acordos (contratos) que as vontades individuais criam para o fim de regular seus próprios interesses.[94]

Há quem critique tal denominação, dizendo tratar-se de expressões equívocas, porquanto ignoram a existência de obrigações nascidas de negócios jurídicos unilaterais, como a promessa pública de recompensa, a garantia convencional oferecida por fabricantes ao consumidor final e a subscrição de títulos de crédito.[95]

Apesar de as regras legais lhes atribuírem diferentes conseqüências, não são poucos os que entendem que a distinção está sendo abandonada pela moderna doutrina, que nela não vê maior utilidade, fazendo residir o fundamento único da responsabilidade civil no contato social. São os adeptos da teoria unitária da responsabilidade civil, para os quais se caminha para a unificação do sistema.[96] Segundo tal doutrina, há uma semelhança estrutural entre a responsabilidade contratual e a extracontratual, manifestada na similitude entre os deveres que resultam do contrato e aqueles advindos da responsabilidade extracontratual. Admitindo-se que o essencial em matéria de reparação advém do fato de que o ato do autor do dano constitui uma lesão a uma regra de conduta, determinada pela lei ou pelo contrato, a única diferença existente entre esses deveres seria secundária, refletindo-se apenas no grau de intensidade do contato social estabelecido entre as partes.[97]

O Código Civil distinguiu as duas modalidades de responsabilidade, disciplinando genericamente a responsabilidade extracontratual nos arts. 186 a 188 e 927 e seguintes, e a contratual nos arts. 395 e seguintes e 389 e seguintes.[98]

---

[94] Garcez Neto, 2000:67.

[95] Noronha (1993:14) sugere a denominação "responsabilidade negocial", em oposição a "responsabilidade civil em sentido estrito".

[96] Aguiar Jr.,1997:124.

[97] Becker, 1995:50.

[98] Gonçalves, 1994:26.

Responsabilidade subjetiva e objetiva

A distinção entre a responsabilidade civil subjetiva e objetiva se dá conforme se considere ou não a culpa como elemento necessário à obrigação de reparar o dano. A teoria clássica, sintetizada na fórmula de Ihering, "sem culpa, nenhuma reparação",[99] pressupõe a culpa *lato sensu* do agente como requisito indispensável para o dever de ressarcir os prejuízos sofridos pela vítima. O Código Civil abraçou tal doutrina no art. 186.

Em reação ao primado da culpa, que deixava sem resposta um sem-número de situações em que não era possível ao lesado fazer prova cabal da culpa do agente, surge a responsabilidade objetiva, que dispensa a existência de culpa, a pesquisa psicológica do íntimo do agente, da possibilidade de previsão ou de diligência,[100] sob o fundamento de que "todos devem suportar o risco de seus atos, culposos ou não",[101] a chamada teoria do risco.

Para a caracterização do dever de indenizar devem estar presentes os requisitos clássicos: ação ou omissão voluntária, relação de causalidade ou nexo causal, dano e, finalmente, culpa. No tocante especificamente à culpa, lembramos que a tendência jurisprudencial cada vez mais marcante é de alargar o seu conceito. Surgiu daí a noção de culpa presumida, pelo prisma do dever genérico de não prejudicar. Esse fundamento fez também nascer a teoria da responsabilidade objetiva, presente na lei em várias oportunidades, que desconsidera a culpabilidade, ainda que não se confunda a culpa presumida com a responsabilidade objetiva.[102]

---

[99] Apud Dias, 2006:43.

[100] Lima, 1999:115.

[101] Colin e Capitant (*Cours élémentaire de droit civil français*, v. 2), apud Alvim (1965:297).

[102] Venosa, 2004:20.

A insuficiência da fundamentação da teoria da culpabilidade levou à criação da teoria do risco, com vários matizes, segundo a qual o sujeito é responsável pelos riscos ou perigos que sua atuação promove, ainda que mostre toda diligência em evitar o dano. Trata-se da denominada teoria do risco criado e do risco-benefício. O sujeito obtém vantagens ou benefícios e, em razão dessa atividade, deve indenizar os danos que ocasiona. Em síntese, cuida-se da responsabilidade sem culpa em inúmeras situações nas quais sua comprovação inviabilizaria a indenização para a parte presumivelmente mais vulnerável. A legislação dos acidentes do trabalho é o exemplo marcante que imediatamente aflora.[103]

Nesse aspecto há importante inovação no novo Código Civil, presente no parágrafo único do art. 927. Por esse dispositivo a responsabilidade objetiva aplica-se, além dos casos descritos em lei, também "quando a atividade normalmente desenvolvida pelo autor do dano implicar, por sua natureza, risco para os direitos de outrem".[104] Por esse dispositivo o magistrado poderá definir como objetiva, ou seja, independente de culpa, a responsabilidade do causador do dano no caso concreto. Esse alargamento da noção de responsabilidade constitui, na verdade, a maior inovação do novo código em matéria de responsabilidade e requererá, sem dúvida, um cuidado extremo da nova jurisprudência. Nesse preceito há, inclusive, implicações de caráter processual que devem ser dirimidas, mormente se a responsabilidade objetiva é definida somente no processo já em curso.

---

[103] Venosa, 2004:20.

[104] "Art. 927. Aquele que, por ato ilícito (arts. 186 e 187), causar dano a outrem, fica obrigado a repará-lo. Parágrafo único. Haverá obrigação de reparar o dano, independentemente de culpa, nos casos especificados em lei, ou quando a atividade normalmente desenvolvida pelo autor do dano implicar, por sua natureza, risco para os direitos de outrem."

A legislação do consumidor é o exemplo mais recente de responsabilidade objetiva no ordenamento. Portanto, o âmbito da responsabilidade sem culpa aumenta significativamente em vários segmentos dos fatos sociais. Nesse diapasão acentuam-se, no direito ocidental, os aspectos de causalidade e reparação do dano, em detrimento da imputabilidade e culpabilidade de seu causador. Daí porque, por exemplo, o novo código estampa a responsabilidade do incapaz e a possibilidade de seu patrimônio responder por danos por ele causados, ainda que de forma mitigada (art. 928).[105]

É o que ocorre, por exemplo, na indenização por acidentes do trabalho, nos acidentes aéreos e em várias outras situações. Por esse prisma, o novo Código Civil apresenta, portanto, uma norma aberta para a responsabilidade objetiva no parágrafo único do art. 927.[106]

Pressupostos da responsabilidade civil subjetiva

1. Dano

O dano é o elemento inexorável da responsabilidade civil. Em sua acepção mais aceita, dano é a lesão a qualquer bem jurídico, independentemente de sua natureza. Na definição de Formica, "dano é a diminuição ou subtração de um bem jurídico".[107] Não há dever de reparação se não houver dano.

---

[105] Venosa, 2004:20.

[106] Segundo Venosa, "esse dispositivo da lei nova transfere para a jurisprudência a conceituação de atividade de risco no caso concreto, o que talvez signifique perigoso alargamento da responsabilidade sem culpa. É discutível a conveniência de uma norma genérica nesse sentido. Melhor seria que se mantivesse nas rédeas do legislador a definição da teoria do risco. Reiteramos, contudo, que o princípio gravitador da responsabilidade extracontratual no novo Código Civil é o da responsabilidade subjetiva, ou seja, responsabilidade com culpa, pois esta também é a regra geral traduzida no *caput* do artigo 927" (disponível em: <http://www.societario.com.br/demarest/svrespobjetiva.html>; acesso em: 16 ago. 2005.

[107] Apud Amaral Neto, 1977:356.

Segundo as principais classificações,[108] o dano pode se dividir em: *patrimonial*, na violação de interesses diretamente susceptíveis de avaliação em dinheiro; *extrapatrimonial*, na violação de interesses não susceptíveis de avaliação pecuniária; *material*, quando se atingem objetos do mundo externo; *pessoal*, quando são afetados valores ligados à própria pessoa do lesado, nos aspectos físico, psíquico e moral; *direto*, como efeito imediato do fato lesivo; *indireto*, em que o fato, não tendo provocado ele mesmo o dano, desencadeia outra condição que diretamente o suscite; *individual*, quando afeta o interesse de um particular, de um único indivíduo; e *coletivo*, quando a violação ganha proporções transindividuais.

2. Ação ou omissão lesiva

Em seguida, faz-se mister que o dano seja decorrente de ato de um agente diverso da vítima, traduzido em ato ilícito ou atividade perigosa, de acordo com o plano em que se desdobra a teoria da responsabilidade civil. Trata-se, portanto, de ação qualificada pelo direito, que faz gerar, para o violador, a obrigação de reparar.[109]

No âmbito do ato ilícito, consubstancia-se em fato humano próprio (responsabilidade direta) ou de outrem, ou em fato de animal ou de coisa inanimada (responsabilidade extracontratual), e, por outro lado, em retardamento ou descumprimento, total ou parcial, de obrigação ou de contrato (responsabilidade contratual).

Na esfera das atividades perigosas, o ato lesivo configura-se pelo simples risco, ficando a vítima onerada com a prova da mera acusação, não se admitindo, outrossim, escusas subjetivas do imputado.

---

[108] Noronha, 2002:12.
[109] Bittar, 2001:10.

3. Nexo causal

É a relação jurídica entre o agente causador e a vítima, constituindo assim o elemento de ligação entre a conduta daquele e o resultado.

O dano só gera responsabilidade quando é possível estabelecer um nexo causal entre ele e o seu autor, ou, como diz Savatier, "um dano só produz responsabilidade quando ele tem por causa uma falta cometida ou um risco legalmente sancionado".[110]

Diferencia-se a causalidade da culpabilidade por ser esta vinculada ao elemento subjetivo do tipo. A causalidade independe da culpabilidade; porém, no sistema de responsabilidade subjetiva, somente se procederá à responsabilidade civil do agente se a sua culpa for constatada ou presumida.[111]

Responsabilidade direta e indireta

Quanto à causa, a responsabilidade civil pode ser classificada em direta e indireta. Responsabilidade direta ou por fato próprio é quando o próprio agente comete a conduta sobre a qual recai a imputabilidade, podendo ser também o mandante do ato. Encontra justificativa no próprio princípio informador da teoria da reparação. Excepcionalmente, nas hipóteses previstas no art. 932 do novo Código Civil, uma pessoa pode vir a responder pelo fato de outrem, o que seria a chamada responsabilidade indireta.[112]

Responsabilidade indireta é quando um terceiro, com o qual o agente mantém vínculo de responsabilidade, realiza a conduta ou, ainda, quando um animal ou coisa sob sua guarda é responsável pelo ato.

---

[110] Apud Alvim, 1965:324.
[111] Lisboa, 2004:517.
[112] Cavalieri Filho, 2007:187.

> Na realidade, a chamada responsabilidade por fato de outrem é responsabilidade por fato próprio omissivo, porquanto as pessoas que respondem a esse título terão sempre concorrido para o dano por falta de cuidado ou vigilância. O ato do autor é apenas a causa imediata, sendo a omissão daquele que tem o dever de guarda ou vigilância a causa mediata.[113]

A responsabilidade indireta poderá dar ensejo a direito de regresso contra o real causador do dano. Por exemplo, o empregador responsabilizado por ato de seu empregado poderá propor ação de regresso.

A responsabilidade direta poderá resultar direito de regresso quando um dos responsáveis repara o dano, mas tem o direito de reivindicar parte do montante pago junto à outra parte.[114]

Ainda na vigência do Código Civil de 1916 existia certa controvérsia acerca dessa responsabilidade — se com culpa provada, em face do que dispunha o art. 1.523; se com culpa presumida; ou, ainda, se objetiva. Prevaleceu o entendimento de que a noção de culpa presumida era suficiente para fundamentá-la, presunção relativa, *juris tantum*, e não absoluta, como queriam alguns.[115]

Responsabilidade por atividade perigosa e por atividade não perigosa

Seria a teoria do risco da atividade profissional representado pela periculosidade da conduta do agente para o público em geral.

---

[113] Cavalieri Filho, 2007:187.

[114] Lisboa, 2004:462.

[115] Essa presunção baseia-se, em primeiro lugar, num dado da experiência: boa parte dos atos ilícitos praticados pelos incapazes procede da falta de vigilância adequada; em segundo lugar, na própria conveniência de estimular o cumprimento dos deveres que recaiam sobre aqueles a cuja guarda o incapaz esteja entregue; por último, na necessidade de acautelar o direito de indenização do lesado contra o risco da irresponsabilidade ou da insolvabilidade do autor direto da lesão. Ver Cavalieri Filho (2007:187).

A responsabilidade nas atividades perigosas poderá se dar por danos morais ou materiais, independentemente de culpa do agente.

A responsabilidade nas atividades não perigosas poderá, da mesma forma, se dar por prejuízos patrimoniais ou não-patrimoniais, mas haverá de incorrer em culpa o agente.

O Código Civil de 2002 "estabelece a periculosidade da atividade como parâmetro a ser levado em consideração pelo julgador para que ele possa estabelecer a responsabilidade sem culpa do agente, observando-se a existência dos elementos indispensáveis".[116]

Responsabilidade pura e impura

A responsabilidade pura resulta de ato danoso praticado pelo próprio agente, no exercício de sua atividade, sendo esta legalmente perigosa ou não. Ou seja, só poderá ser reconhecida por lei.

Já a responsabilidade impura é proveniente de ato cometido por terceiro, e o responsável é o mantenedor da atividade, seja esta legalmente perigosa ou não. Ou seja, poderá ser reconhecida por lei ou, ainda, jurisprudencialmente.

Questões de automonitoramento

1. Conceitue a responsabilidade civil.
2. Qual a diferença entre a responsabilidade civil subjetiva e a objetiva?
3. Quais são os pressupostos da responsabilidade civil?
4. Explique cada pressuposto da responsabilidade civil.
5. Estabeleça a diferença entre a responsabilidade civil direta e a indireta.

---

[116] Cavalieri Filho, 2007:463.

3 Dano: conceitos e espécies

Casos geradores

Caso 1[117]

Maria propôs ação indenizatória, pleiteando dano moral e material, em face da editora O Mundo S.A. Alega que houve indevida exploração da imagem de sua falecida filha — famosa atriz assassinada por um colega. A editora, através de seu jornal, publicou oito edições sucessivas de uma versão romanceada do crime. Não obstante o expresso desacordo da autora quanto à publicação, a editora, com a finalidade de promover a matéria, utilizou-se de ampla divulgação, expondo foto extraí-

---

[117] Emerj/2003; referência: Recurso Especial nº 268.660 — Rio de Janeiro (2000/0074502-2). Fazer um paralelo com o seguinte caso: pedido de indenização por erro médico, formulado pelo filho e pelo esposo da vítima; a sentença extinguiu o processo sem julgamento do mérito, por ilegitimidade do autor para pleitear indenização que, em tese, seria devida apenas a quem sofreu o dano. Seria possível pleitearem-se danos reflexos? (referência: acórdão; origem: TRF, 5ª Região; classe: AC — apelação cível — 55.881; processo: 9.405.258.443; UF: PE).

da de cena de novela em que o algoz beijava a personagem representada pela atriz assassinada.

Em contestação, a editora O Mundo S.A. sustenta: ilegitimidade ativa da autora, porque a imagem não se transmite; liberdade de imprensa para noticiar investigações e crimes — as pessoas célebres têm que suportar o preço da fama; a limitação do valor da indenização ao disposto na Lei de Imprensa; e que nada havia na publicação que afetasse a memória da filha da autora.

Decida a questão, justificando-a.

Caso 2[118]

Bernardo Reis move ação contra a Companhia Cervejaria Cerveja S.A., visando obter indenização por danos morais e materiais decorrentes da incapacidade para o trabalho, devido ao alcoolismo adquirido durante o longo tempo em que exerceu a função de mestre cervejeiro, a qual lhe exigia ingerir diariamente considerável quantidade de álcool.

Bernardo trabalhou para a ré desde os 20 anos, mas nunca foi alertado dos riscos a que estaria sujeito pelo exercício da profissão, chegando a ingerir em um dia de trabalho de seis a oito litros de cerveja, começando pela manhã e em jejum, dosagem que, às vésperas de feriado, aumentava para 10 ou 12 litros.

Em virtude de sua atividade, tornou-se alcoólatra, motivo pelo qual encontra-se impedido de trabalhar, tendo também sofrido alterações de comportamento, com grave perturbação da sua vida orgânica e social, além de problemas de desagregação da vida familiar.

---

[118] Recurso Especial nº 242.598 — Rio de Janeiro (1999/0115779-0).

Diante do exposto, requereu o autor a reparação dos danos moral e patrimonial, bem como das despesas efetuadas com o tratamento médico, e indenização pela incapacidade para exercer a mesma atividade, além de lucros cessantes.

A ré contestou, alegando não constituir doença profissional a dependência resultante da atividade de mestre cervejeiro, não estando caracterizado, portanto, acidente de trabalho. E, ainda, que essa categoria de profissional conhece extensamente os predicados do líquido ingerido.

Em decisão de primeira instância, o juiz julgou improcedente o pedido do autor, com o fundamento de que não restou comprovada a culpa da empresa.

O autor apelou, e a egrégia Câmara do TJ-RJ deu provimento ao recurso de apelação, reconhecendo a dependência do apelante como doença profissional, além de não ter sido ele resguardado dos riscos inerentes à sua atividade. Reconheceu ainda danos morais ao apelante, relevando o alto grau de sofrimento da vítima.

Autor e ré ingressaram com recurso especial, tendo a egrégia Turma do STJ por fim condenado a empresa cervejeira, conforme se segue:

- ❑ pagamento de pensão vitalícia mensal aumentada para o equivalente a 100% de seus vencimentos (aproximadamente R$ 4.500) e juros moratórios, desde a data em que foi reduzida a remuneração do autor por causa do alcoolismo;
- ❑ dano moral, reduzido à quantia de um ano de salário (aproximadamente 330 salários);
- ❑ pensão previdenciária;
- ❑ honorários advocatícios, calculados na forma do art. 20, §5º, do CPC.

Diante do acima exposto, comente a decisão do STJ.

1. Haveria danos patrimoniais e danos morais por parte da cervejaria? Havendo danos patrimoniais, como deveriam ser arbitrados?
2. Caberiam lucros cessantes? Em caso positivo, como seriam calculados?
3. Comente a condenação da empresa cervejeira, no que tange ao pagamento acumulado de pensão vitalícia, pensão previdenciária e danos morais.

Roteiro de estudo

Conceito de dano

A doutrina é unânime em afirmar que não há responsabilidade sem dano.[119] Para a responsabilidade civil, o dano é o efeito da lesão nos interesses de outrem, tutelados pela ordem jurídica, quer os interesses sejam de ordem patrimonial, quer sejam de caráter não-patrimonial.[120]

---

[119] Mazeaud e Mazeaud (apud Dias, 2006:713) recordam que esse é mais um traço diferencial entre a responsabilidade civil e a responsabilidade moral ou penal, que se confundiram independentemente de resultado. Parece conveniente fazer uma distinção. Não há, realmente, dano nessas últimas espécies de responsabilidade, se se tomar a figura do dano no sentido que interessa peculiarmente ao direito civil. Mas há, de alguma forma, um dano. A tentativa, por exemplo, atinge a ordem social, embora não realize o prejuízo concreto, que no crime consumado recai sobre a vítima. O pecado ou a ação reprovável defendem a ordem moral que os condena. Quando Mazeaud e Mazeaud fazem aquela observação, têm presente uma nomenclatura a que a linguagem jurídica moderna já não presta mais atenção. Isto é, distinguem o *damnum* da Lei Aquília na sua acepção de lesão, do prejuízo, ou seja, o resultado dessa lesão. Ainda que a boa linguagem talvez aconselhe a conservação dos respectivos valores dessas palavras, devemos reconhecer que, quando se fala em dano, entre nós, o que se quer significar é o resultado da lesão ou injúria contra o patrimônio moral ou material.

[120] Varela, 1977:240.

> O interesse em restabelecer o equilíbrio econômico-jurídico alterado pelo dano é a causa geradora da responsabilidade civil. Seu fundamento deveria, pois, ser investigado em função daquele interesse, que sugere, antes de tudo, o princípio da prevenção, sem excluir, naturalmente, outros princípios, que o completam. Encontra-se, portanto, em suas raízes, a razão primeira da responsabilidade penal e da responsabilidade civil.[121]

É possível considerar o dano numa acepção vulgar, quando alguém sofre o prejuízo na sua alma, no seu corpo, ou nos seus bens, sem relevar a autoria do dano. Já numa acepção jurídica, cujo fundamento é o mesmo, mas que engloba a concepção de pena ou dever de indenizar, o prejuízo seria sofrido pelo sujeito de direitos em conseqüência da violação destes por fato alheio.[122]

Portanto, conforme exposto, o dano estudado na responsabilidade civil será aquele que constitui requisito de indenizar. Assim, cabe citar o professor Caio Mário Pereira (1998:40):

> Está sujeito a indenizar aquele que causa prejuízo matematicamente em termos reduzidos, da mesma forma aquele outro que cause dano de elevadas proporções. "É o que resulta dos princípios, e que é amparado na jurisprudência, nossa e alheia." O que orientará a justiça, no tocante ao dever ressarcitório, é a lesão ao direito ou interesse da vítima, e não sua extensão pecuniária. Na ação de perdas e danos, a vítima procede para evitar o prejuízo e não para obter vantagem.[123]

---

[121] Dias, 2006:42.
[122] Fisher, 1938:7.
[123] Pereira faz distinção entre o prejuízo concreto — o dano real, tal como se apresenta *in natura* — e o prejuízo abstrato — que interessa para efeito de cálculo da importância em dinheiro, a satisfazer como equivalente dos danos reais.

O prejuízo do dano se define como "um sacrifício", que pode ou não ter conteúdo econômico. Será, portanto, a reconstituição natural da situação em que o lesado se encontraria se não tivesse ocorrido o evento danoso. Mas essa indenização em substância pode ser de impossível reparação. Não sendo o caso de proceder à reparação em substância, tem cabimento a reparação em valor, que é a mais vulgar na prática (prejuízo abstrato).[124]

Entende-se que o dano deve ser *atual* — o dano que já existe ou já existiu no momento da ação de responsabilidade civil — e *certo* — fundado sobre um fato preciso e não sobre uma hipótese. Pode-se acrescentar, ainda, a *subsistência*, de forma que não será ressarcível o dano que já tenha sido reparado pelo responsável.

O dano não deixa de ser certo quando sua quantia for incerta ou de difícil apreciação. A certeza do dano é relativa à sua realização, ao fato de ter realmente ocorrido. Um dano certo quanto à sua existência, embora incerto em relação ao *quantum*, é indenizável. Ou, ainda, não deixa de ser indenizável em razão de maior ou menor dificuldade de ser admitido, justamente porque a certeza do dano diz respeito à sua existência, e não à sua prova.[125]

Quanto à atualidade, a reparação de um dano futuro já encontra respaldo doutrinário, sendo admitida quando for desde logo previsível, consubstanciando-se a certeza de sua produção futura, de forma que possa ser apreciada por ocasião da sentença.

Espécies de dano

Partindo-se do conceito, temos a grande divisão do dano em dano patrimonial e dano moral. Vale lembrar que essa dis-

---

[124] Telles, 1989:370.
[125] Garcez Neto, 2000:149.

tinção só diz respeito aos efeitos, e não à origem do dano. Nesse aspecto, o dano é único e indivisível.[126]

Conforme ressalta Savatier (1939), dano moral é qualquer sofrimento que não seja causado por perda pecuniária. Já na definição de Cavalieri Filho (2007:93), dano moral é a lesão de um bem integrante da personalidade, violação de bem personalíssimo, tal como a honra, a liberdade, a saúde ou a integridade psicológica, causando dor, vexame, sofrimento, desconforto e humilhação à vítima.

O atentado ao direito, à honra e boa fama de alguém pode determinar prejuízos na órbita patrimonial do ofendido, ou causar apenas sofrimento moral. A expressão "dano moral" deve ser reservada exclusivamente para designar o agravo que não produz qualquer efeito patrimonial. Quando há conseqüências de ordem patrimonial, ainda que mediante repercussão, o dano deixa de ser extrapatrimonial.[127]

Em consonância com suas características básicas, o dano poderá ser ainda classificado:

- quanto à atualidade: atual ou futuro;
- quanto à pessoa: direto (imediato) ou indireto (mediato);[128]
- quanto ao interesse: individual ou coletivo.

A maioria dos sistemas alienígenas reconhece a distinção entre dano moral e dano patrimonial. No entanto, diversos países desconhecem a indenização por dano moral ou a consideram diferentemente.

---

[126] Convém lembrar que atualmente é indiscutível o cabimento da cumulabilidade dos danos moral e material. Esse é o entendimento expresso na Súmula 37 do STJ.

[127] Gonçalves, 1994:401.

[128] Nessa categoria encontramos os danos reflexos, ou danos em ricochete (*par ricochet*), conforme veremos a seguir.

O Código Civil austríaco, por exemplo, dispõe em seu art. 1.293: "o dano é todo prejuízo que alguém sofre em seu patrimônio, nos seus direitos ou na sua pessoa". Já o Código Civil francês adotou uma cláusula geral em matéria de responsabilidade civil, dispondo que "qualquer fato da pessoa que causar dano a outrem obriga esta, pela culpa em razão do qual ele ocorreu, a reparar". Nos artigos seguintes (1.383 a 1.386) há uma enumeração dos danos indenizáveis.[129] No sistema alemão, a preocupação com a discricionariedade da atividade jurisdicional em relação ao arbitramento dos danos está presente nos §§249 a 254.

Importante falar da evolução da matéria no Brasil, especialmente quanto à possibilidade da cumulação dos danos patrimoniais e morais.

Do dano patrimonial

O dano patrimonial, também denominado material, é a espécie de dano que atinge os bens integrantes do patrimônio da vítima, entendendo-se como tal o conjunto de relações jurídicas de uma pessoa apreciáveis em dinheiro.

Para definirmos dano patrimonial, a melhor forma será partirmos do conceito de patrimônio. Segundo Aguiar Dias (2006:717), poderia ser classificado em duas acepções: uma ampla e outra restrita. No primeiro sentido, dano patrimonial significa o complexo de direito que reúne duas entidades: a "entidade patrimonial ativa", formada pelos direitos apreciáveis em dinheiro (patrimônio jurídico), e o passivo patrimonial.

Já o conceito econômico de patrimônio seria apenas o conjunto de bens econômicos, "a totalidade dos bens economica-

[129] Silva, 1991.

mente úteis que se acham dentro do poder de disposição de uma pessoa".[130] Antunes Varela (1997:241) ilustra o conceito com o exemplo da colisão de um veículo com dois outros, causando-lhes idêntico estrago. Ainda assim, as indenizações devidas aos respectivos proprietários podem ser de montantes diferentes, se forem distintos os danos sofridos por cada motorista, ou, por exemplo, caso um deles tenha mais um ou dois veículos a fim de substituir o danificado, enquanto o outro é dono de táxi, situação em que, tendo este se danificado, o motorista não mais poderá trabalhar até seu reparo. Nesse caso, encontramos o vocábulo *dano* na acepção de dano patrimonial, e não de dano real. O dano patrimonial é a projeção do dano real sobre o patrimônio do lesado.

O dano patrimonial seria a diferença entre a situação real atual do patrimônio do lesado e a situação hipotética em que esse patrimônio se encontraria, caso não estivesse lesionado. Ou seja, é a diferença entre a situação patrimonial atual provocada pelo fato ilícito e a situação em que a vítima se encontraria, se tal fato não houvesse ocorrido. Seria a diferença negativa encontrada.

O dano corresponderia, pois, à perda de um valor patrimonial, pecuniariamente determinado. O dano patrimonial será avaliado em dinheiro e aferido pelo critério diferencial. Mas, às vezes — por exemplo, se for possível a restituição ao *status quo ante* por meio de uma reconstituição natural —, não se faz necessário tal cálculo. Assim, a reparação do dano poderá ser: *natural*, restaurando o *status quo* alterado pela lesão, o que poderá consistir na entrega da própria coisa que, por exemplo, havia sido furtada, ou de objeto da mesma espécie, em troca do

[130] Fisher, 1938:13.

deteriorado; ou *indenização pecuniária*, quando for impossível restabelecer o lesado à situação anterior.[131]

Para compreendermos o conceito de interesse no seu sentido de dano patrimonial, avaliado em dinheiro e aferido por esse caráter diferencial, devemos fazer uma comparação com as idéias do valor geral e do valor afetivo. Valor geral, ordinário ou de troca, é o que subsiste para quem quer que possua a coisa a que ele se refere, correspondendo àquele valor consubstanciado na utilidade do bem, que vale como mercadoria.[132] Distingue-se do interesse, porque este é o valor extraordinário, ou seja, o valor de uso, apreciado em face de determinadas circunstâncias e relações. O valor afetivo ou estimativo distingue-se do valor geral, porque opõe ao conceito puramente objetivo deste último um conteúdo nitidamente subjetivo.[133]

A importância da noção jurídica de interesse é que ela determina a extensão do dano que alguém esteja obrigado a indenizar.

O prejuízo também deverá ser certo — essa é regra essencial da reparação. Por isso, o dano hipotético não justifica reparação. Os efeitos do ato danoso irão incidir no patrimônio atual, podendo se produzir em relação ao futuro, impedindo ou diminuindo o benefício patrimonial a ser deferido à vítima. Aí estão identificados o dano positivo, ou *damnum emerges*, e o lucro frustrado, ou *lucrum cessans*. As duas modalidades do dano podem, todavia, coincidir, assim como podem ocorrer isoladamente.

Dano emergente

Os efeitos do ato danoso incidem diretamente no patrimônio atual da vítima; é o dano positivo — *damnum emergens*.

---

[131] Diniz, 2002:62.
[132] Cortiano Júnior, 2002:158.
[133] Dias, 2006:719.

Pode, no entanto, ocorrer que esses efeitos se protraiam no tempo, impedindo ou diminuindo o benefício patrimonial a ser deferido à vítima; é o lucro frustrado ou *lucrum cessans*.

O dano emergente, também chamado positivo, importa efetiva e imediata diminuição no patrimônio da vítima em razão do ato ilícito, como se apreende da expressão "efetivamente perdeu", inserida no art. 402 do CC, que repete o que constava no art. 1.059 do CC/16.[134]

Esses prejuízos se traduzem em um empobrecimento do patrimônio atual do lesado, pela destruição, deterioração, privação do uso e gozo etc. de seus bens existentes no momento do evento danoso e pelos gastos que, em razão da lesão, teve de realizar.

Na condenação relativa a dano emergente, a indenização poderá processar-se de dois modos: pela restauração do bem danificado ou pelo pagamento referente à sua reparação.

Se a obrigação não-cumprida for referente a pagamento em dinheiro, a estimativa do dano emergente já estará previamente estabelecida pelos juros de mora e custas processuais, sem prejuízo da pena convencional (CC, art. 404 e CC/16, art. 1.061). Os juros moratórios funcionam como uma espécie de prefixação das perdas e danos; o mesmo se diz das custas processuais e honorários advocatícios (CPC, art. 20).

Lucros cessantes[135]

Por ser reflexo futuro do ato ilícito, o lucro cessante, ou dano negativo, merece maior cuidado para sua mensuração.

---

[134] Cavalieri Filho, 2007:71.

[135] Os lucros cessantes, para serem indenizáveis, devem ser fundados em bases seguras, de modo a não compreender lucros imaginários ou fantásticos. Nesse sentido é que se deve entender a expressão legal: "razoavelmente deixou de lucrar", como ensina Carvalho Santos (1º Tasp, 8ª Câmara, Ap. nº 307.155, julgado em 15-5-1983).

Consiste na perda do ganho esperável, na frustração da expectativa de lucro, na diminuição potencial do patrimônio da vítima.[136] Na definição do art. 402 do novo Código Civil, encontra respaldo na expressão "o que razoavelmente deixou de lucrar".

Para que ocorra o direito aos lucros cessantes deve-se comprovar haver, com certeza, algo a ganhar, uma vez que só se perde "o que se deixa de ganhar".[137]

Existe atualmente uma tendência jurisprudencial, capitaneada pelo Superior Tribunal de Justiça, acerca da reparação de danos patrimoniais, mais especificamente quanto aos lucros cessantes.

No entanto, para a existência do lucro cessante, a mera possibilidade é insuficiente. Mesmo não se exigindo certeza absoluta, o critério corretamente utilizado seria uma probabilidade objetiva, resultante do desenvolvimento normal dos acontecimentos, conjugada às circunstâncias peculiares do caso concreto. Para Maria Helena Diniz (2002:64),

> Constitui lucro cessante o prejuízo que, para o credor, resultaria do retardamento culposo da obrigação, quando a inexistência do objeto da prestação devida no seu patrimônio o prive de certos lucros (juros de mora), de modo que os juros moratórios representariam uma compensação geral pelos lucros frustrados.

Concluindo, utilizando-nos das palavras de Carlos Roberto Gonçalves (1994:419), "se um ônibus é abalroado culposamente, deve o causador do dano pagar todos os prejuízos efetivamente sofridos, incluindo-se as despesas com os reparos do veículo (dano emergente), bem como o que a empresa deixou

---

[136] Cavalieri Filho, 2007:72.
[137] Miranda, 1954, v. 25, p. 23.

de ganhar no período em que o veículo ficou na oficina. Apura-se, pericialmente, o lucro que a empresa normalmente auferia por dia e chega-se ao *quantum* que ela deixou de lucrar. Se se trata, por exemplo, de vítima que foi atropelada, ou acidentada de alguma outra forma, a indenização deve abranger todas as despesas médicas e hospitalares, bem como os dias de serviço perdidos. Em casos de inabilidade profissional, de imperícia, a indenização deve cobrir os prejuízos efetivamente sofridos e as despesas de tratamento com outro profissional para reparação do erro cometido".

Portanto, a estimativa do dano emergente é mais simples, pois equivale apenas ao desfalque do patrimônio. Já quanto aos lucros cessantes, atuais ou potenciais, são normalmente insuscetíveis de prova direta e rigorosa, sendo mais difícil estabelecer regras gerais, ficando ao arbítrio do juiz a apreciação desses casos.

Perda de uma chance

Intuitivamente, a apuração da certeza vem ligada à atualidade. Nessa linha, podemos excluir o dano meramente hipotético, eventual ou conjuntural, ou seja, exclui-se aquele dano que pode não vir a concretizar-se. Um dano fundamentado em suposições ou conjecturas, por mais fundadas que pareçam, quer presente ou futuro, não dará direito à indenização.

Para a tese da perda de uma chance, o que importa é que a chance perdida tenha algum valor, do qual a vítima se privou. A reparação da perda de uma chance repousa numa probabilidade e numa certeza:[138] probabilidade de que a chance seria realizada e certeza de que a vantagem perdida resulta em um prejuízo. Para Serpa Lopes (2000:480),

[138] Yves Chartier (apud Pereira, 1998:42).

Tem-se entendido pela admissibilidade do ressarcimento quando a possibilidade de obter lucro ou evitar prejuízos era muito fundada, ou seja, quando mais do que possibilidade havia uma probabilidade suficiente, é de se admitir que o responsável indenize uma frustração.

Do dano moral

O histórico mundial sobre o dano moral não é recente. As primeiras legislações conhecidas que falavam a respeito do tema foram o Código de Ur-Nammu e a Lei das Doze Tábuas, ambas permitindo, todavia, a reparação moral apenas em decorrência de lesão física; o primeiro, numa ótica compensatória; a segunda, numa visão retributiva (olho por olho, dente por dente).[139]

O Código de Manu, codificação hindu, permitia a amplitude da reparação de danos, a ser efetuada através de um valor. A Grécia adotou a mesma forma de compensação.

O Código de Hamurabi estabelecia de forma prevalente a reparação através de uma lesão infligida ao lesionador original; mas também possibilitava a satisfação compensatória.

No direito talmúdico, previa-se a reparação do dano moral através do Tzaar (dano moral em decorrência de lesão física), do Shevet (cessação das atividades do lesionado durante sua recuperação) e do Boshet (indenização do dano moral puro).

Conceito[140]

A conceituação do dano moral foi sendo construída ao longo dos tempos em duas óticas:

---

[139] Castro, 2003.
[140] Severo, 1996:40-43.

- uma conceituação substantiva do dano moral, baseada na dor experimentada pela vítima;
- uma conceituação negativa, entendendo ser aquele que ocasione lesão de interesse sem expressão econômica.

Hodiernamente, tem-se preferido na doutrina a segunda categoria, pois, quanto ao conceito substantivo, existem críticas quanto à ausência de um caráter distintivo e à tendência ao alargamento dos danos ressarcíveis.[141] Nas lições do grande jurista luso Inocêncio Galvão Telles (1989):

> se trata de prejuízos que não atingem em si o patrimônio, não o fazendo diminuir nem frustrando o seu acréscimo. O patrimônio não é afetado; nem passa a valer menos nem deixa de valer mais. Há ofensa de bens de caráter imaterial — desprovidos de conteúdo econômico, insuscetíveis verdadeiramente de avaliação em dinheiro. São bens como a integridade física, a saúde, a correção estética, a liberdade, a reputação. A ofensa objetiva desses bens tem, em regra, um reflexo subjetivo na vítima, traduzido na dor ou sofrimento, de natureza física ou de natureza moral.

Para Miguel Reale,[142] há ainda que se fazer distinção entre dano moral objetivo, que é aquele que atinge moralmente a pessoa e a sua imagem no círculo social onde vive, e o dano

---

[141] Moraes (2003:130-132) nos leciona que "afirmar que o dano moral é 'dor, vexame, humilhação, ou constrangimento' é semelhante a dar-lhe o epíteto de 'mal evidente'. Através destes vocábulos, não se conceitua juridicamente, apenas se descrevem sensações e emoções desagradáveis (...) ao definir o dano moral por meio da noção de sentimento humano (...) confunde-se o dano com a sua (eventual) conseqüência. Se a violação da situação jurídica subjetiva extrapatrimonial acarreta ou não um sentimento ruim não é coisa que o direito possa ou deva averiguar". A autora conclui, por fim, que o "dano moral tem como causa a injusta violação de uma situação jurídica subjetiva extrapatrimonial".
[142] Apud Severo (1996:44).

moral subjetivo, representado pelo mal sofrido na esfera íntima da pessoa, na sua psique, e ligado aos seus valores subjetivos.

Fases da reparação do dano moral no ordenamento pátrio

Já em momento anterior ao Código Civil de 1916, alguns autores já admitiam a reparabilidade do dano moral, estando previsto nos arts. 800 e 801 da consolidação confeccionada por Teixeira de Freitas, bem como na posterior consolidação elaborada por Carlos de Carvalho em 1899.[143]

O Decreto nº 2.681, de 1912, que estipula a responsabilidade civil das estradas de ferro, já aludia à viabilidade da reparação extrapatrimonial ao permitir em seu art. 21 a reparabilidade da lesão corpórea ou deformidade, através de indenização conveniente estipulada pelo juiz; também possibilitou à lei a ampliação da reparação em caso de morte, incluindo alimentos, auxílio ou educação (art. 22).

Na jurisprudência, os ministros Pedro Lessa e M. Murtinho foram à época favoráveis à indenização pelo dano moral, teses que todavia não foram acolhidas pelo STF.[144]

O Estatuto Civil de 1916, em seu art. 76, já justificava o interesse moral, possibilidade consignada por Clóvis Bevilacqua, de forma que, se o interesse moral justifica a ação para defendê-lo ou restaurá-lo, é claro que tal interesse é indenizável, ainda que o bem moral não se exprima em dinheiro.[145] Outro artigo ao qual a doutrina se referia quanto aos danos extrapatrimoniais

---

[143] Contudo, na visão de Arnoldo Medeiros da Fonseca (apud Severo, 1996:75), tais normas não estabeleciam a reparabilidade do dano puramente moral.

[144] STF, Ac. de 13-12-1913, rel. min. Pedro Lessa; STF, Ac. de 13-12-1913, rel. min. M. Murtinho; STF, Ac. nº 3.585, rel. min. Pedro Lessa, 24-12-1920.

[145] Apud Gomes, 2000:91. Todavia, Arnoldo Medeiros da Fonseca (apud Severo, 1996:78) refuta essa teoria, por entender se referir o art. 76 não ao direito material, mas sim ao interesse de agir, processual.

era o 159 do CC/16, estabelecendo que "aquele que, por ação ou omissão voluntária, negligência, ou imprudência, violar direito, ou causar prejuízo a outrem, fica obrigado a reparar o dano". Esse posicionamento encontra no CC/16 outras disposições que o reforçam: arts. 1.538, 1.539 e 1.540 (ofensa à saúde, origem do dano estético); 1.541 e 1.542 (usurpação do alheio); 1.543 (valor de afeição); 1.544 (juros devidos pelo lesionador); 1.545 e 1.546 (responsabilidade dos médicos, cirurgiões etc., sem excluir os danos extrapatrimoniais); 1.547 (injúria ou calúnia, sendo todavia essa indenização limitada ao dobro da multa no grau máximo da pena criminal respectiva); 1.548 e 1.549 (honra da mulher); 1.550, 1.551 e 1.552 (liberdade pessoal), e, por fim, o art. 1.533,[146] o mais importante para a argumentação favorável ao dano extrapatrimonial, porque excluía a estipulação de uma tipicidade fechada sobre as hipóteses de reconhecimento de uma situação danosa.

O Código Brasileiro de Telecomunicações (Lei nº 4.117/62) prevê também, em seu art. 84, a reparação do dano moral, que estipula como condição para a "análise da posição social ou política do ofendido a situação econômica do ofensor, a intensidade do ânimo de ofender, a gravidade e a repercussão da ofensa".

Outras normas também incluíram em seu texto a viabilidade da indenização pelo dano moral: o Código Eleitoral (Lei nº 4.737/65), art. 244; a Lei de Imprensa (Lei nº 5.250/67), art. 49, I, 51 e 52, bem como outras tantas.[147]

Em 1966, o ministro Aliomar Baleeiro condenou em danos morais empresa de ônibus, em razão do falecimento de duas

[146] "Nos casos não previstos neste capítulo, se fixará por arbitramento a indenização."
[147] Hoje, diante da Constituição Federal, art. 5º, inciso V, em razão do princípio da reparação dos danos, não devem ser consideradas recepcionadas as limitações da responsabilidade estipuladas nos arts. 51 e 52 da referida lei. Este é o posicionamento de Severo (1996:84).

crianças, fundamentado no art. 159, como cláusula genérica, e no art. 76.[148]

Passou o STF à admissão do ressarcimento do dano moral, não cumulativo com o dano material, sob o fundamento de que o dano material absorvia o dano moral.[149] Da mesma forma, limitou o tribunal a reparação através do entendimento de que o art. 1.537 do CC/16 apresentaria *numerus clausus*.

Posteriormente, a Súmula nº 491 do STF estipulou a indenização da morte de filho menor, mesmo que não tivesse atividade laborativa. Contudo, a interpretação que foi dada ao conteúdo da súmula não apresentou caráter moral, e sim de expectativa de dano patrimonial.[150]

Em fases sucessivas, veio o STF alargando a possibilidade de aplicação da reparação do dano moral.[151] Com o advento da Magna Carta, esse tipo de reparação passou a ser inquestionável, estabelecida a possibilidade de forma expressa no art. 5º, incisos V e X, quanto aos direitos da personalidade. Todavia, os danos extrapatrimoniais não se reduzem a essa espécie, havendo assim que se efetuar uma interpretação sistemática junto ao art. 5º, *caput* (inviolabilidade do direito à vida, liberdade, igualdade, segurança e propriedade) e §2º ("os direitos e garantias expressos nesta Constituição não excluem outros decorrentes do regime e dos princípios por ela adotados, ou dos tratados internacionais em que a República Federativa do Brasil seja parte").

O Código de Defesa do Consumidor (Lei nº 8.078, de 11 de setembro de 1990), no inciso VI do seu art. 6º, insere como

---

[148] STF, 2ª T., RE 59.940-SP, 26-4-1966. Para Monteiro Filho (1997), todavia, a concessão da indenização não foi, em seu conteúdo, fundamentada em dano moral, mas sim em dano patrimonial indireto, pois baseava-se nos gastos com a educação e criação dos filhos.

[149] STF, 1ª T., RE 85.930-6-RJ, min. Rafael Mayer, 3-6-1979.

[150] Analisava-se a frustração do investimento dos pais, pela expectativa de amparo na velhice. Ver Moraes (2003:149).

[151] Por exemplo, devolução de cheque quando há suficiente provisão de fundos etc.

direito básico a efetiva prevenção e reparação de danos patrimoniais e morais, individuais, coletivos e difusos. Insere, ainda, no rol desses direitos básicos (inciso VII), o acesso aos órgãos judiciários e administrativos, de forma a garantir a reparação dos danos patrimoniais e morais.

Com a Súmula nº 37 do STJ, tornou-se indiscutível a possibilidade de cumulação de danos materiais e danos morais.

Espécies de danos extrapatrimoniais (morais *lato sensu*)[152]

Existem várias espécies de danos extrapatrimoniais (ou morais *lato sensu*) reconhecidos doutrinariamente. Alguns, com adoção pelo ordenamento pátrio; outros, aceitos no estrangeiro. A seguir listaremos de forma exemplificada algumas hipóteses.

Ofensa aos direitos morais da personalidade

Para alguns doutrinadores, o direito da personalidade seria o elemento de caracterização de todos os danos extrapatrimoniais. Essa corrente foi criada diante da dificuldade da reparação dos danos extrapatrimoniais em certos países, em razão da sua aceitabilidade restrita (como é o caso da Alemanha, que somente aceita a reparação dos danos extrapatrimoniais decorrentes de delitos criminais). Criou a doutrina uma válvula de escape para a indenização através do direito da personalidade, suprindo-se assim uma lacuna. Para uma outra corrente, contudo, a ofensa aos direitos da personalidade representa apenas uma espécie do gênero danos extrapatrimoniais (ou morais *lato sensu*).

[152] Severo, 1996, nota 12, p.121-168.

Essa ofensa pode ser ocasionada através de um dano à vida particular, ao nome e acessórios. Em relação ao *nome*, abrange não só o nome, mas também o pseudônimo,[153] o sobrenome, o prenome e os títulos. A proteção ao nome é firmada pelo ordenamento, que viabiliza inclusive a inibição da usurpação, mesmo que não haja prejuízo. Contudo, caso este ocorra, será averiguada a responsabilidade civil, seja por danos patrimoniais, seja por danos extrapatrimoniais.

O nome comum não possui proteção, desde que não seja identificado o detentor, quando houve escolha do nome ou por acordo ou ao acaso.[154]

O atual Código Civil relaciona essa categoria entre os arts. 16 e 19. Vale ressaltar que tais artigos, bem como todo o capítulo relativo aos direitos da personalidade, não constavam do CC/16. A Lei nº 6.015/73, em seus arts. 19 e 52 a 55, também estipula proteção a esses direitos. A proteção pode ocorrer mesmo após a morte, conforme estipula o art. 12, parágrafo único, do CC: "em se tratando de morto, terá legitimação para requerer a medida prevista neste artigo o cônjuge sobrevivente, ou qualquer parente em linha reta, ou colateral até o quarto grau".

A ofensa à *honra* se apresenta igualmente como uma das hipóteses violadoras dos direitos da personalidade.

A tutela da honra se deu, através dos tempos, muito mais pelo sangue do que pelas decisões judiciais, sendo defendida por meio de duelos. Devido às transformações da sociedade, essa vingança privada foi posta de lado. A honra, hodiernamente,

---

[153] Para Doneda (2002:51), a proteção ao pseudônimo estipulada no art. 19 protege não somente um direito ao nome, mas também um direito à "identidade pessoal".

[154] Segundo Doneda (2002:51), analisando-se as escolhas efetuadas pelo legislador pátrio no atual Código Civil, "o direito à informação e à liberdade de expressão foi levado em conta pelo legislador, que não vetou a pura e simples publicação do nome alheio, porém somente em casos que exponham a pessoa ao desprezo público, bem como nas situações onde há intenção de lucro".

abrange as ofensas ao decoro, dignidade, consideração e reputação da pessoa e terceiros.

Pode a honra apresentar um caráter interno, subjetivo (essência moral da pessoa), ou externo, objetivo (seu valor perante a sociedade), estando prevista no art. 5º, inciso X, da Constituição Federal.

As hipóteses que geram o ressarcimento por danos à honra são várias: violação de deveres conjugais, denunciação caluniosa, difamação, calúnia, injúria, abalo de crédito e concorrência desleal, entre outras.

Também quanto a essa espécie de dano, deve-se considerar a natureza do caso e a situação das pessoas.

É importante lembrar que também a memória dos mortos pode ser defendida, muito embora, para alguns autores, a honra desapareceria com a morte da pessoa.

Há quem entenda existir também uma honra familiar, que seria considerada uma unidade social, com valores morais e comportamento social próprios, a serem preservados. Para outros, contudo, tal tese não deve ser aceita, pois não haveria uma personalidade jurídica da família.

Ofensa à integridade psicofísica

Essa forma de dano extrapatrimonial pode assumir as seguintes formas:

- dano moral *stricto sensu* ou *pretium doloris* — nessa espécie ocorrem sofrimentos físicos e efeitos psicológicos. Aqui, diferentemente das outras espécies, a dor se mostra como elemento fundamental. Para alguns autores, essa espécie abrangeria somente a dor física; outros, contudo, defendem que a categoria comporta também a dor psicológica. Nessa categoria também está incluído o prejuízo de afeição (*préjudice d'affection*) que decorre do sofrimento ou morte de ente querido e próximo, sendo espécie de dano em ricochete. A diferença entre esse dano e o dano corporal é que este último terá como elemento a ser indenizado não a dor, e sim a perda, incapacidade ou falta/debilidade do desenvolvimento corporal;

- dano corporal — essa espécie de dano pode se apresentar como dano patrimonial ou dano extrapatrimonial. Para a averiguação do dano extrapatrimonial, serão levadas em conta a duração (se o dano corporal é temporário ou permanente) e a intensidade da incapacidade (se parcial ou total). Como exemplificação, temos o seguinte acórdão do TJ/RJ:

> Processo: 2003.001.25326. Ressarcimento dos danos; queda de menor; dano moral. Ação ordinária de ressarcimento por danos materiais, morais e estéticos. Queda sofrida pela vítima que, menor de idade na época, exercia tarefas de pintor de parede para a Fundação de Apoio à Escola Pública — Faep. Obrigação de indenizar, nos termos do que dispõe o artigo 37, parágrafo 6º, da Constituição Federal, estando demonstrado que o acidente ocorreu porque não providenciara o empregador os equipamentos necessários. Responsabilidade por se tratar de omissão específica. Não procede a alegação de culpa exclusiva do menor, pois a Fundação tinha os meios de obrigá-lo a usar os equipamentos, caso os tivesse realmente fornecido. Dano moral decorrente da perda de mobilidade de membro, avaliado em 10%, que se indeniza em R$ 6 mil, por ser de pequena monta. Dano estético comprovado, em grau mínimo, que se indeniza em R$ 1.200, pois admite-se a acumulação com o dano moral. Dano material comprovado, pois efetivamente se mostrou ter a vítima sofrido lucros cessantes, porque não pôde trabalhar no período de três meses. Sentença que se reforma apenas para majorar os danos morais, sendo que se mantêm os estéticos, e conceder os danos materiais.

- dano estético — ocorre quando há uma ofensa à harmonia física da pessoa. Comporta essa espécie variações conforme as características da pessoa: se uma atriz, uma cicatriz lhe resultará em danos tanto patrimoniais quanto extrapatrimoniais; se um boxeador, pode não ensejar danos. Alguns países, todavia, consideram apenas o aspecto patrimonial do dano estético. Porém, no Brasil, essa espécie de dano pode resultar em questões tanto patrimoniais quanto extrapatrimoniais. A dor geralmente está presente nessa espécie de dano; todavia, não é elemento essencial para que se configure o evento. Segue-se decisão do TJ/RJ a respeito:

> Processo: 2003.001.22539. Responsabilidade civil de estabelecimento hospitalar; erro médico; responsabilidade objetiva; dano moral; dano estético. Responsabilidade civil objetiva. Estabelecimento hospitalar. Erro médico. Indenização por danos morais e estéticos. Pensionamento. A hipótese versa sobre a alegação de erro médico ocorrido no estabelecimento hospitalar do réu, tendo-se como objetiva a responsabilidade por se tratar de relação de consumo, o que implica ser irrelevante a prova da culpa, consoante o disposto no artigo 14 do Código de Defesa do Consumidor. Infelizmente, em nosso país, a má qualidade da saúde pública e privada, principalmente a emergencial, associada não só à má formação de profissionais como à baixa remuneração, somada aos plantões sem intervalos e sem responsabilidade, causa danos aos enfermos, que se agravam a ponto de ocasionar a amputação de parte de um membro tão importante como o dedo indicador da mão direita da autora, uma jovem de 26 anos de idade. Assim, com escólio na doutrina e na jurisprudência de nossos pretórios, que consagram a responsabilidade objetiva dos fornecedores de serviços, como

o réu, bem como na prova dos autos, que afasta qualquer circunstância capaz de formar as intituladas excludentes de culpabilidade, é que se reforma a sentença, para julgar procedente, em parte, o pedido inicial, determinando que o réu pague à autora indenização equivalente a 200 salários mínimos a título de danos morais; indenização correspondente a 100 salários mínimos pelos danos estéticos; em ambos os casos serão acrescidos os juros legais, na forma simples, a contar da data do evento danoso; pensionamento vitalício no valor de 16% de um salário mínimo mensal, a contar da data do evento; custas processuais e honorários advocatícios de 20% sobre o valor total da condenação, inclusive o pensionamento relativo às prestações vencidas, mais 12 das vincendas. Recurso conhecido e parcialmente provido.

- danos à vida de relação — esse tipo de dano pode ser estabelecido das seguintes formas:
  - *prejuízo de lazer* (*préjudice d'agrément*) — que é conceituado como a diminuição dos prazeres da vida. Essa diminuição pode ocorrer em virtude da dificuldade ou impossibilidade de poder se dedicar ao lazer (esportivo, cultural ou da vida, como festas, reuniões; perda de gosto, olfato etc.);
  - *prejuízo sexual* — o interessante dessa categoria é que ela sempre vem acompanhada de um dano por ricochete ao cônjuge de quem foi vítima de prejuízo sexual (frigidez na mulher, impotência no homem). Pode haver prejuízo quanto à dificuldade ou à impossibilidade de relações íntimas ou quanto à incapacidade de gerar filhos;
  - *prejuízo juvenil* — que é uma espécie de prejuízo de lazer somado a um dano corporal. É a decepção com relação à decadência física, a perda da integridade corporal de um jovem em razão de lesões corporais.

Dano-morte

O dano-morte pode ser interpretado como abrangido pelo atual Código Civil, em seu art. 948[155] (na esteira do que previa o art. 1.537 do CC/16). O fundamento do dano-morte é a perda da vida. A existência da dor não é elemento essencial, podendo todavia caracterizar elemento agravante na aferição do *quantum* a ser indenizado. Para Severo (1996), o dano-morte possui natureza jurídica de chance; assim, para ele, a morte é a perda da chance de vida. Na Inglaterra são os *damages for loss of expectation of life*. Essa espécie não engloba todos os danos advindos da morte, mas somente o dano decorrente da perda da chance de viver. O dano-morte é o prejuízo não econômico sofrido pela vítima; é um dano próprio, que incorpora ao patrimônio da vítima e que é perseguido por outrem; diversamente, o prejuízo de afeição é o dano por ricochete que pode ensejar reparação a parentes e terceiros em decorrência da morte.

Procuramos elencar uma série de danos já reconhecidos pela doutrina; todavia, outros vêm se configurando através dos tempos, como os danos morais coletivos; os decorrentes de racismo; o dano conjugal;[156] o dano decorrente de abandono afetivo; o dano processual. Apresenta assim o dano extrapatrimonial uma estrutura aberta, pois o mais importante para o ordenamento é exatamente a reparação integral dos danos de interesses juridicamente tutelados.

---

[155] "No caso de homicídio, a indenização consiste, sem excluir outras reparações: I — no pagamento das despesas com o tratamento da vítima, seu funeral e o luto da família; II — na prestação de alimentos às pessoas a quem o morto os devia, levando-se em conta a duração provável da vida da vítima." A locução "sem excluir outras reparações" estabelece *numerus apertus* para os danos advindos da morte.

[156] Nunes, 2002.

Dano moral e pessoa jurídica

Para alguns doutrinadores, a proteção ao nome, bem como à imagem, à honra e a outros direitos da personalidade, não está relacionada somente com a pessoa natural, mas também abrange a pessoa jurídica. Todavia, há de se averiguar a ocorrência desse dano com cautela, pelo fato de a finalidade da pessoa jurídica normalmente ser patrimonial, o que, em regra, inviabilizaria um dano extrapatrimonial. Contudo, se caracterizarmos o dano não pela ofensa, e sim pelos efeitos decorrentes desta, poderemos vislumbrar hipótese de dano extrapatrimonial.[157]

A jurisprudência, por sua vez, pacificou o entendimento da viabilidade da reparação do dano moral através da Súmula nº 227 do STJ: "a pessoa jurídica pode sofrer dano moral". E a legislação cível atual parece corroborar com esse entendimento através do art. 52: "aplica-se às pessoas jurídicas, no que couber, a proteção dos direitos da personalidade".

Wilson Melo da Silva (1983:650-652) posiciona-se contrariamente e apresenta os seguintes argumentos:

- o patrimônio moral decorre dos bens da alma, e os danos que dele se originam seriam, singelamente, "danos da alma", ou seja, os alicerces do dano moral são de natureza espiritual;
- as lesões do patrimônio ideal dizem respeito à capacidade afetiva e sensitiva, qualidades apenas inerentes aos seres vivos;

[157] Severo, 1996:131-132. Para Moraes (2003:190), "o dano às pessoas jurídicas não poderá ser concebido na mesma medida que o dano às pessoas físicas, já que a tutela da dignidade constitucional somente protege pessoas humanas. As pessoas jurídicas poderão sofrer danos não-patrimoniais, quando, por exemplo, a instituição não visar ao lucro ou quando estiver sendo atacada em aspectos não-avaliáveis, direta e imediatamente, em dinheiro; mas se tratará, talvez, de um 'dano institucional', o qual se distinguiria do dano moral em razão da necessidade de uma comprovação potencial do prejuízo, não se podendo aplicar a tese *in re ipsa*".

- as pessoas jurídicas são meras abstrações, não tendo mais vida que a que lhes é emprestada pela inteligência ou pelo direito.

Outros juristas que negam a admissibilidade, citados pelo próprio Wilson Melo da Silva, são José Pedro Aramedia e Agostinho Alvim. Cabe citar, ainda, Horacio Roitman e Ramon Daniel Pizarro.[158] Da mesma forma, Gustavo Tepedino (2002) é categórico ao rejeitar a possibilidade de ocorrência de dano moral na pessoa jurídica, principalmente porque para esta, cujo fim último é sempre o lucro, a preocupação, ou seja, o dano sempre se resumiria a aspectos pecuniários derivados de um eventual ataque à sua atuação no mercado, enquadrando-se, portanto, na categoria dos danos materiais.

Já o professor Sérgio Cavalieri Filho (2007:84-85) observa: "induvidoso, portanto, que a pessoa jurídica é titular de honra objetiva, fazendo jus à indenização por dano moral sempre que o seu bom nome, credibilidade ou imagem forem atingidos por algum ato ilícito", tendo como parâmetros: o inciso II do art. 16 e o art. 2º, ambos da Lei de Imprensa (Lei nº 5.250/67); o inciso X do art. 5º da Constituição da República; o inciso VI do art. 6º c/c art. 2º, ambos do CDC.

Configuração, prova e arbitramento

A configuração do dano moral traz questionamentos polêmicos, em face da ausência de critérios objetivos.

Para Cavalieri Filho (2007:77-78), cumpre ao juiz seguir a trilha da lógica do razoável. Citando as lições de Antunes Varela:

[158] Apud Stoco, 1999:1421.

> A gravidade do dano há de medir-se por um padrão objetivo (conquanto a apreciação deva ter em linha de conta as circunstâncias de cada caso), e não à luz de fatores subjetivos (...); o dano deve ser de tal modo grave que justifique a concessão de uma satisfação de ordem pecuniária ao lesado.

A afirmativa de que o dano moral independe de provas merece cuidado. Como nos ensina Rui Stoco (1999), o dano moral é, em verdade, um "não-dano"; não haveria como prová-lo. Por tratar-se de gravame moral, não se fala em indenização, mas em compensação, ou seja, não se fala em prova de um dano. Contudo, não basta a mera afirmação daquele atingido moralmente num dos sentimentos da alma; há que poder extrair do fato efetivamente ocorrido o seu resultado, com reflexos negativos para a suposta vítima de danos morais.[159]

O tratamento específico para o dano moral requer cautela:

> Diferente do que ocorre com o dano material, a alteração desvaliosa do bem-estar psicofísico do indivíduo deve apresentar certa magnitude para ser reconhecida como prejuízo moral. Um mal-estar trivial, de escassa importância, próprio do risco cotidiano da convivência ou da atividade que o indivíduo desenvolva, nunca o configurará. Isto quer dizer que existe um "piso" de incômodos, inconvenientes ou desgostos a partir dos quais este prejuízo se configura juridicamente e procede sua reclamação.[160]

Rui Stoco (1999:1382) resume a problemática da comprovação do dano moral:

---

[159] Ofensas à honra, imagem, bom nome, tradição, personalidade, sentimento interno; humilhação, emoção, angústia, dor, pânico, medo, entre outros. Ver Stoco, 1999:1381.
[160] Santos, 1997:243.

> Significa dizer, em resumo, que o dano em si, porque imaterial, não depende de prova ou de aferição do seu *quantum*. Mas o fato e os reflexos que irradia, ou seja, a sua potencialidade ofensiva, dependem de comprovação ou pelo menos que esses reflexos decorram da natureza das coisas e levem à presunção segura de que a vítima, em face das circunstâncias, foi atingida em seu patrimônio subjetivo, seja com relação ao seu *vultus*, seja, ainda, com relação aos seus sentimentos, enfim, naquilo que lhe seja mais caro e importante.

Todavia, o STJ vem entendendo existir uma presunção de dano moral, um *dano in re ipsa*, ou seja, que não enseja a produção de prova.[161]

Satisfação dos danos extrapatrimoniais

Existem entendimentos diversos acerca da natureza jurídica da satisfação dos danos extrapatrimoniais.

Para uma primeira corrente, a compensação dos danos patrimoniais teria *natureza punitiva*, exemplar, em razão da impossibilidade de se estabelecer uma reparação *in natura*. Seria, assim, uma pena privada.

A doutrina inglesa e americana estipula três espécies de danos: os danos nominais (*nominal or substancial damages*), que se traduzem numa indenização simbólica de um dano que não exige a sua comprovação; danos compensatórios (*compensatory damages*), que são efetuados através de devida comprovação e que se estabelecem conforme a extensão do dano; e, por fim, os danos punitivos (*punitive or exemplary damages*), como resposta social. Para Severo (1996), alguns artigos do CC/16 apresen-

[161] Moraes, 2003:43 e 51.

tavam caráter punitivo, como os arts. 1.530 (atual 939) e 1.531 (atual 940).

Há muita discussão doutrinária e jurisprudencial acerca do possível caráter punitivo da indenização a título de danos morais, mencionando-se, nesses casos, o instituto dos danos punitivos (*punitive damages*) do direito norte-americano.

Os defensores do caráter punitivo da indenização por danos morais invocam a chamada "teoria do valor do desestímulo", segundo a qual, na fixação da indenização pelos danos morais sofridos, deve o magistrado estabelecer um valor capaz de impedir/dissuadir práticas semelhantes, assumindo a forma de verdadeira punição criminal no âmbito cível. Assim, considerando que a responsabilidade civil somente teria lugar após a ocorrência do dano, ao menos admite-se uma dimensão dialética, para permitir a sua utilização como instrumento pedagógico de prevenção.[162]

A repercussão da teoria do valor do desestímulo em nosso país foi tamanha que o Projeto de Lei nº 6.960, de 12 de junho de 2002, pretende alterar o Código Civil, prevendo expressamente a possibilidade de se estabelecer uma indenização a título de danos morais de caráter punitivo.

Uma segunda corrente defende uma natureza reparatória, seja *in natura*, seja pecuniária. Para essa doutrina, a função punitiva foi aos poucos sendo deixada de lado. Inicialmente, a responsabilidade civil tinha como foco a necessidade de punição do agente em razão da forte influência da Igreja e de seus conceitos de pecado. Assim, a busca da responsabilidade civil era uma punição, o que acabava por assemelhá-la à responsabilidade penal. Todavia, verificou-se que a função puni-

[162] Ruzyk, 2002:134.

tiva continuava a deixar a vítima frustrada na reparação da lesão. Houve, então, uma mudança de paradigma da responsabilidade, de modo que a vítima e a reparação integral dos danos passaram a ser o enfoque principal. A função punitiva é exclusiva do Estado, deixando-se de lado quaisquer resquícios de vingança privada.

Para uma terceira corrente, preponderante em nosso país, a responsabilidade civil possui natureza mista: preventivo-punitiva e reparatória, principalmente em relação aos danos extrapatrimoniais, dada a dificuldade de se mensurar economicamente a extensão do dano.

Formas de reparação dos danos extrapatrimoniais

A reparação pode ocorrer, excepcionalmente, *in natura*, como na publicação com caráter de retratação pública nos casos de difamação, injúria e calúnia.

A reparação extrapatrimonial *in natura* também pode ocorrer no caso de lesão ecológica, cabendo, inclusive, uma reparação *in natura* impura, havendo uma compensação através da substituição dos bens lesados por outros funcionalmente equivalentes, ainda que situados em local diferente.

Pode haver igualmente uma reparação em equivalente pecuniário, afirmação contestada por diversos autores que entendem existir uma dificuldade ou impossibilidade de se estabelecer uma reparação integral. A seu ver, a reparação integral apresentaria um caráter muito severo, por não levar em conta critérios subjetivos.

Critérios para a reparação e qualificação

São apresentados pela doutrina, majoritariamente, dois tipos de critérios: um critério objetivo, que defende a aprecia-

ção em concreto dos danos, para uma averiguação dos prejuízos reais; e um critério subjetivo, através da apreciação em abstrato do caso, analisando-o por meio de padrões ou *standards* de conduta. É importante ressaltar que a concepção híbrida (função preventivo-punitiva e reparatória) utiliza-se dos dois parâmetros.

Quanto à qualificação, dada a ausência de legislação, duas correntes se estabeleceram:

- do sistema aberto — entende que deve ficar a cargo do prudente critério do julgador o estabelecimento do *quantum*, sem qualquer limitação;
- do sistema fechado (ou tarifário) — para essa corrente, os valores são predeterminados pela lei ou pela aplicação da analogia e da integração.

A tendência moderna é pela aplicação do binômio punição e compensação, combinando a teoria do desestímulo (caráter punitivo da sanção pecuniária) e a teoria da compensação, visando destinar à vítima uma soma que compense a dor sofrida, ou seja:

- condenar o agente causador do dano ao pagamento de certa importância em dinheiro, de modo a puni-lo e desestimulá-lo da prática futura de atos semelhantes;
- compensar a vítima com uma importância mais ou menos aleatória, em valor fixo e pago de uma só vez, pela perda que se mostra irreparável, pela dor ou humilhação impostas.[163]

Impõe-se uma correlação entre a necessidade e a proporcionalidade, entre o mal e a compensação, sendo certo que o efeito será de prevenção, repressão e desestímulo.

---

[163] Stoco, 1999:1398.

A tese de que à indenização por danos morais deve dar-se caráter exclusivamente compensatório, afirmada pelo IX Encontro de Tribunais de Alçada do Brasil, em agosto de 1997, teve como objetivo evitar que a indenização por dano moral atingisse as margens do excesso.

Existe, ainda, o Projeto de Lei nº 7.124/02, que pretende fixar parâmetros de valores para a reparação do dano moral. De acordo com esse projeto, a ofensa moral pode ser dividida em leve, média e grave, fixando-se valores indenizatórios de acordo com a gravidade da ofensa.

Questões de automonitoramento

1. Conceitue dano.
2. Diferencie dano patrimonial de dano moral ou extrapatrimonial.
3. Quais são as espécies de dano moral?
4. Qual a argumentação que contraria a existência de dano moral da pessoa jurídica?
5. Como se dá a reparação do dano moral?

4 Nexo de causalidade

Casos geradores

Caso 1

João, caminhoneiro, retirou o seu caminhão da Oficina Mecânica Z, onde o mesmo ficara durante 10 dias para conserto do sistema de freios, balanceamento e cambagem. O veículo foi devolvido como reparado, tendo sido oferecida ainda garantia do serviço pelo período de três meses. Uma semana depois, João, que havia sido contratado para transportar um contêiner carregado de produtos alimentícios devidamente resfriados em condições especiais, ao percorrer a rodovia Régis Bittencourt, em direção ao Paraná, foi surpreendido por um veículo em altíssima velocidade efetuando uma ultrapassagem pela contramão poucos metros à sua frente. Imediatamente, João acionou os freios, porém estes falharam, não conseguindo evitar a colisão. O caminhão tombou, espalhando pelos arredores da pista todo o carregamento, que, poucos minutos depois, foi saqueado por transeuntes.

José, morador das margens da rodovia, aproveitou-se da situação para subtrair enlatados que ficaram espalhados à beira da pista, mesmo sabendo que, por conta da colisão, já fazia algumas horas que os produtos não estavam mais sendo mantidos sob as condições ideais de conservação. Na noite do acidente, José se alimentou exclusivamente dos produtos subtraídos e, minutos depois de ingeri-los, foi acometido por grande indisposição física, vindo a falecer. O laudo técnico do Instituto Médico Legal apontou como *causa mortis* a ingestão de comida estragada.

À luz das teorias que indicam aplicações diversas do requisito do nexo de causalidade, examine como ficaria o quadro de responsabilidade para todos os sujeitos envolvidos no episódio.

Caso 2[164]

Três automóveis seguem por uma avenida, transitando no mesmo sentido. A certa altura, o motorista do veículo que vai à frente dos demais — e que, aliás, não possui habilitação para dirigir — pretende convergir à esquerda, em local proibido para tal manobra. Com esse objetivo, ele estanca a marcha, aguardando que a pista contrária fique livre para poder atravessá-la. Diante do obstáculo, o automóvel que vem imediatamente atrás também pára. O terceiro veículo, porém, não procede dessa forma, e acaba ocorrendo o choque, com danos nos três automóveis. Quem deve responder pelos prejuízos sofridos? O motorista do primeiro, do segundo ou do terceiro automóvel?

[164] Baseado em caso citado por Azevedo (1994).

Caso 3

Maurício, atingido por disparo de arma de fogo por um assaltante, busca socorro em hospital público municipal. No entanto, após uma espera de duas horas para ser atendido, ele acaba falecendo. Os herdeiros entram com uma ação de indenização contra o hospital, em razão da omissão na prestação do serviço. O hospital, em contrapartida, alega que atuou conforme o procedimento necessário e que, ao dar entrada na emergência, o paciente já se encontrava em estado agudo, praticamente irrecuperável. Analise a questão, abordando os aspectos relativos ao nexo causal.

Roteiro de estudo

Conceito

Que não haja efeito sem causa é norma de evidência intuitiva.[165] Em matéria de responsabilidade civil, os danos e prejuízos causados só nos conduzem à idéia de dano ressarcível quando há possibilidade de estabelecermos uma relação entre certa infração cometida por alguém e o dano que daí se originou.[166]

A relação causal, portanto, estabelece o vínculo entre determinado comportamento e um evento, permitindo concluir se a ação ou omissão do agente foi ou não causa do dano.[167]

A questão de definir o nexo causal para fins de responsabilidade civil assume maior relevo com a progressão da teoria do risco, prevista em fórmula de largo alcance no art. 927, parágrafo único, do Código Civil, onde se prescinde do elemento

[165] Silva, 1974:112.
[166] Alvim, 1965:325.
[167] Cavalieri Filho, 2007:49.

culpa, deixando a determinação de causalidade em posição central.[168] Seja qual for o sistema adotado no caso concreto, subjetivo (da culpa) ou objetivo (do risco), salvo em circunstâncias especialíssimas, não haverá responsabilidade sem nexo causal.[169]

Antes, porém, de estudarmos as teorias predominantes sobre o nexo causal, faz-se necessário assentar alguns conceitos elementares.

Distinções e definições

No estudo do nexo causal, enfrenta-se alguma dificuldade de ordem terminológica em doutrina e na jurisprudência.

A primeira dessas confusões, produzida pela escola clássica, é a equiparação inconsciente entre a culpa e o nexo causal, quando, na verdade, são institutos díspares.

Culpa é a representação abstrata, ideal, subjetiva. É a determinação jurídico-psicológica do agente. Psicológica, pois se passa em seu foro íntimo; e jurídica, porquanto não raro é a lei que estabelece a censurabilidade da determinação, mesmo que o agente não esteja pensando sequer em causar danos ou prejuízo, como ocorre nas hipóteses típicas de culpa *stricto sensu*.[170]

Circunstância ou *modo* é todo fato, temporal ou espacial, que agrava ou atenua as consequências de um ato. O emprego correto desses conceitos é fundamental para a reflexão sobre o assunto e sobre as teorias que visam a identificar o nexo causal.[171]

---

[168] Para uma concepção atual acerca da teoria do risco, ver Magalhães (2006).

[169] Segundo Facchini Neto (2003b:165), "esta nova norma possivelmente inspirou-se no art. 2.050 do Código Civil italiano de 1942 ('*chiunque cagiona danno ad altri nello svolgimento di un'ativitá pericolosa, per sua natura o per la natura dei mezzi adoperati, è tenuto al risarcimento, se non prova di avere adottato tutte le misure idonee a evitare il danno*'), embora a nossa fórmula legislativa possua feição mais rigorosa, já que não prevê cláusula exoneratória".

[170] Rose, 1997:29.

[171] Ibid.

Condição são todos os elementos e circunstâncias sem os quais o dano não teria se produzido da forma como se produziu.[172]

Causas são "apenas aquelas condições consideradas como efetivamente determinantes desse resultado".[173] Assim, "as causas, em sua essência, não têm natureza diversa das condições".[174]

A definição de quais condições devem ser consideradas causas irá variar de acordo com a teoria adotada — o que não é senão fruto de uma decisão política. Aliás, toda a disciplina da responsabilidade civil deve muito mais "a escolhas político-filosóficas do que a evidências lógico-racionais".[175]

Teorias

Quando a causa é única (fato simples) — ou, quando plúrimas, são conjuntas e concomitantes a um mesmo e idêntico efeito final —, o assunto da caracterização da relação de causalidade não apresenta maiores complexidades.[176] Quando, porém, as causas são múltiplas e sucessivas, isto é, quando há uma cadeia de condições com várias circunstâncias concorrendo para o evento danoso, a tarefa de precisar qual delas é a causa real do dano enseja sérias dificuldades de ordem prática e filosófica.[177]

Com o objetivo de equacionar as dificuldades apresentadas no exame da causalidade, formularam-se várias constru-

---

[172] Noronha, 2003a:588.
[173] Ibid., p. 589.
[174] Ibid.
[175] Moraes, 2003:21. Em nota de rodapé, questiona a autora: "por que esta evidência é menos perceptível aqui do que em outras disciplinas do direito civil? Talvez a razão esteja no caráter moralizador que a responsabilidade civil sempre apresentou e na arraigada noção de culpa que diretamente se associa, na civilização ocidental, de origem judaico-cristã, à religião e ao pecado".
[176] Silva, 1974:112.
[177] Ibid., p. 50.

ções, as quais, guardadas as devidas nuanças, poderiam se incluir em uma das três teorias expostas a seguir.

Teoria da equivalência dos antecedentes causais

Fundamentos e método de aplicação: de acordo com essa teoria, todas as condições e circunstâncias que tenham concorrido para produzir o dano são consideradas causa deste, pois a falta de uma delas obstaria o resultado.[178] Trata-se de teoria que analisa a causa sob o aspecto naturalístico. Para Von Buri, formulador da tese, não é cabível a distinção entre condições essenciais e não-essenciais. Assim, segundo a teoria da equivalência dos antecedentes (também identificada como teoria da equivalência das condições, ou teoria da *conditio sine qua non*, ou ainda teoria objetiva da causalidade), toda concausa se torna igualmente necessária para a produção de um dano resultante. O resultado é sempre uno e indivisível, não comportando repartição em diferentes graus. Portanto, um fenômeno é condição de outro quando o primeiro não puder ser suprimido mentalmente sem que o resultado desapareça em sua forma particular.[179]

Críticas: essa teoria não diferencia causa e condição. Amplia-se a ressarcibilidade a horizontes longos demais. A série causal, assim, transforma-se numa cadeia sem fim,[180] pois se ignora a existência de causa relativamente independente, ou seja, aquela causa que torna remoto o nexo de causalidade da causa antecedente.[181]

---

[178] Lopes, 2000:385.

[179] É o chamado "processo hipotético de eliminação", bastante difundido por Thyren. Na opinião desse autor, "nenhum efeito existe que, de uma maneira ou de outra, não se tenha deixado influenciar por todos seus antecedentes" (apud Silva, 1974:122).

[180] Silva, 1974:117.

[181] Crítica formulada pelo ministro Sepúlveda Pertence em voto proferido no julgamento do Recurso Extraordinário nº 130.764-1/PR, em 12 de maio de 1992, no qual foi relator o ministro Moreira Alves.

Em resposta a tais críticas, os defensores da teoria passaram, numa segunda etapa, a classificar as concausas em *relevantes* ou *irrelevantes*, *positivas* ou *negativas*, excluindo as irrelevantes e negativas de consideração na determinação da causalidade, pois não seriam influentes. Tal expediente, contudo, peca pela falta de sistemática e a ausência de critérios de classificação das concausas no caso concreto.

Outra solução doutrinária para uma reinterpretação dessa teoria propõe substituir a condição *sine qua non* pela condição ajustada às leis da natureza, quando o método hipotético de eliminação de Thyren oferecer solução duvidosa.[182]

Direito positivo: Código Penal, art. 13, aplicado com temperamentos, todavia. Para Nelson Hungria,[183] essa teoria somente seria aplicável nas condutas comissivas, nunca nas omissivas.

Teoria da causalidade adequada

Fundamentos e método de aplicação: considera como causadora do dano a causa que, fundada num juízo de probabilidade, é apta a produzi-lo *per se*. Isoladas as condições antecedentes relacionadas ao prejuízo, perquire-se qual delas poderia produzir o resultado, tendo-se em conta apenas os seus efeitos ordinários. O aplicador não tem em mente, portanto, os atos/fatos nas circunstâncias peculiares do caso concreto, mas, ao contrário, examina as conseqüências naturalmente produzidas pelo ato/fato a partir de sua consideração *in abstracto* e autônoma. Efetua-se, portanto, uma prognose retrospectiva. A indagação que se impõe é, pois, a seguinte: qual das causas destaca-

[182] García-Alcalá, 2003.
[183] Apud Noronha, 2003a:591.

das seria potencialmente idônea para produzir o resultado danoso segundo as leis que regem a produção dos fenômenos?[184] Se há resposta positiva, tal causa é reputada adequada, nascendo daí o dever de reparação. Em sendo negativa a resposta, não haveria que se falar em responsabilidade civil. Há, dessa forma, uma análise da adequação da causa concreta à causa abstratamente estabelecida.

Contudo, no que se refere à questão do que deve ser considerado causa adequada, há divisão doutrinária. Alguns entendem, por meio de uma formulação positiva, que haverá adequação quando houver favorabilidade à produção do evento danoso, sendo uma conseqüência normal ou típica e provável. Outros, porém, defendem que a melhor formulação da teoria seria pela vertente negativa, segundo a qual deverá ser considerado causa tudo o que não for indiferente ao surgimento do dano, restando excluída a causalidade quando as conseqüências forem indiferentes ou excepcionais. Em vez de se caracterizar a adequação, diz-se que a causa é inadequada: nessa formulação, o nexo causal só fica excluído no caso de conseqüências indiferentes ao ato.[185] Para Noronha (2003a:600-605), a formulação negativa mostra-se mais consentânea com o direito civil moderno, pois favorece a vítima, estabelecendo verdadeira presunção da adequação caso fique caracterizada a condicionalidade do evento danoso. Note-se que, enquanto a teoria da causa *sine qua non* busca averiguar a causa concreta, a teoria da causa adequada estabelece uma averiguação abstrata da causa, para, só num segundo momento, analisar o caso concreto.

---

[184] Silva, 1974:119.

[185] Tome-se o seguinte exemplo: *A* agride *B*, o qual, ao levar um soco, vem a falecer por ser portador de grave enfermidade do coração. De acordo com a primeira concepção, a agressão não terá sido causa adequada do dano. Contudo, se for escolhida a segunda concepção, será possível admitir-se o nexo causal.

Críticas: há quem considere a teoria como uma forma de imputação objetiva, e não como uma teoria propriamente causalística. A forma de imputação objetiva serviria para negar a equiparação absoluta entre a prova da relação causal *stricto sensu* (causalidade fática ou material) e a atribuição de responsabilidade civil. Há, assim, um processo de valoração ou ponderação entre as distintas causas ou riscos, e o critério para se considerar o autor responsável seria a criação de um risco juridicamente relevante.[186] Essa teoria ignora os efeitos acidentais (não-ordinários) que as causas possam produzir nos casos concretos, reduzindo a investigação do nexo causal à equação de probabilidade. Além disso, pode gerar resultados exagerados e imprecisos, estabelecendo nexo de causalidade entre todas as possíveis causas de um evento danoso e os resultados efetivamente produzidos, por serem abstratamente adequadas a produzi-los.[187] A interpretação judicial do que seja efeito ordinário ou extraordinário de uma determinada causa reveste-se de extrema e perigosa subjetividade.

Outras críticas efetuadas em relação à teoria referem-se ao fato de ela ter na previsibilidade um de seus elementos verificadores da causa. Uma parte da doutrina exige que se estabeleça uma previsibilidade objetiva do resultado *ex ante*, de forma prognóstica; já outra corrente entende incabível a previsibilidade como elemento da teoria, porque mescla e confunde os aspectos objetivos e subjetivos do tipo; e, por fim, para uma terceira posição, a previsibilidade é elemento integrante da culpa, resultando desnecessária a sua averiguação para o desenvolvimento dos cursos causais.[188]

---

[186] García-Alcalá, 2003, nota 21.
[187] Tepedino, 2001:7.
[188] Adotando a primeira corrente, Mir Puig; defendendo a segunda, Reyes Alvarado; e, quanto à terceira defesa, Díez-Picazo (apud García-Alcalá, 2003, nota 21).

Direito positivo: grande parcela da doutrina entende, com base na locução final do art. 1.060 do CC/16 (art. 403 do CC), ser esta a teoria dominante no direito pátrio, no que concerne ao nexo de causalidade em responsabilidade civil.

Teoria da causa direta e imediata[189]

Fundamentos e métodos de aplicação: também conhecida como teoria da interrupção do nexo causal, a teoria da causa direta e imediata entende que somente o dano derivado de causa direta e imediata é que poderá ser ressarcido. De acordo com essa teoria, ocorre interrupção do nexo causal sempre que, devendo-se impor um determinado resultado como conseqüência do desenrolar normal de certos acontecimentos, tal resultado não se verifica. Isso porque sobrevém uma outra circunstância, anterior ao resultado esperado (*causa estranha*), que é influente e decisiva para a produção do resultado danoso. Tal causa estranha pode resultar tanto de um ato ilícito (ou melhor, dano injusto)[190] praticado por terceiro, quanto da violação de direito por parte da própria vítima.

Pelos danos eventualmente existentes desde o momento do ato ilícito inicial até a interrupção pela causa estranha, o

---

[189] Coleman, 1992. Segundo esse autor, "*proximate cause picks out from the set of necessary conditions, or but-for causes, that event that liability can be legitimately grounded on. Determining which activity is the proximate cause of an event's occurrence will depend on considerations of policy and principle*".

[190] Na busca da reparação mais ampla possível, que melhor atendesse à vítima, a noção de ato ilícito cedeu lugar à idéia de injustiça do dano, visando a proteger a dignidade humana. Conforme explica Bodin de Moraes (2003:12), "a responsabilidade civil tem hoje, reconhecidamente, um propósito novo: deslocou-se o seu eixo da obrigação do ofensor de responder por suas culpas para o direito da vítima de ter reparadas as suas perdas. Assim, o foco, antes posto na figura do ofensor, em especial na comprovação de sua falta, direcionou-se à pessoa da vítima, seus sentimentos, suas dores e seus percalços".

responsável seria o primitivo agente. Daí em diante, assume aquele que praticou o ato superveniente.[191] Todavia, o autor somente responde pelos danos que, de acordo com um critério de razoabilidade (tendo como parâmetro o homem médio para a sua aferição), se pudessem prever.

Como corolário da teoria da causa direta e imediata, deriva com vigor renovado a subteoria da necessariedade da causa, que vê na expressão "direto e imediato", alusiva ao dano do antigo art. 1.060 do CC/16, equivalente ao art. 403 do CC, apenas a idéia de conseqüência necessária. Assim, os adeptos dessa subteoria somente admitem o nexo causal quando o dano é efeito necessário de uma causa, respondendo seu agente pelos danos diretos e imediatos sempre, e pelos danos indiretos ou remotos apenas quando não exista concausa sucessiva. Nesta última hipótese, tais danos, remotos e indiretos em relação à causa original, transmudar-se-iam para diretos e imediatos da concausa posterior.

Críticas: os partidários da teoria do dano direto e imediato divergem entre si e encontram dificuldades em sustentar a tese quando a causa estranha não se relaciona nem com terceiro nem com a própria vítima, como, *exempli gratia*, com fatos naturais.[192]

Direito positivo: parte da doutrina entende que a teoria está consagrada em nosso direito pela locução literal *direto e imediato* do antigo art. 1.060 do CC/16, correspondente ao art. 403 do CC, que conserva a expressão. Há ainda julgados do Supremo Tribunal Federal esposando tal entendimento da causalidade necessária.

Outras teorias: teoria da causa próxima

Desenvolvida pelo filósofo inglês Francis Bacon, no século XVI, em conhecida passagem das *Maxims of law* na qual

---

[191] Tomaso Mosca (apud Silva, 1974:130).
[192] Alvim, 1965:331.

sustentava que seria para o direito uma tarefa infinita analisar a causa das causas e as influências de umas sobre as outras, numa concatenação interminável. De acordo com essa teoria, bastaria considerar a causa imediata (*proximate cause*), analisando as ações segundo esta última e sem necessidade de se remontar à causa de grau superior mais distante (*too remote*). Assim é que, no complexo dos antecedentes do dano, importaria tão-só aquela condição que aparecesse em último lugar na série, vale dizer, a causa derradeira. Não obstante sua aparente coerência, a teoria da causa próxima também sofreu críticas da doutrina. É que, muitas vezes, a carga de nocividade efetiva não está no último fator atuante, mas sim em outro que o precede.

Teoria da condição mais eficiente

Formulada por Birkmeyer, essa teoria afirma que, para a averiguação da causa, será observada a condição que mais propiciou a ocorrência do dano. Posteriormente, Köhler formulou uma subteoria, efetuando a classificação de causas dinâmicas e estáticas e forças impulsoras, considerando apenas esta última como causa eficiente. As críticas a essa teoria se concentram nos critérios de avaliação do que possa ser considerado causa eficiente concretamente. Para Jiménez de Asúa, "falar de causa eficiente significa supor a existência de causa não eficiente, o que seria igual à *contradictio in adiecto*, de falar de causa não causante".[193]

Teoria do equilíbrio

Outras teorias individualizadoras tratam do problema do nexo causal, como a teoria do equilíbrio, de Binding, segundo

[193] Apud Díaz, 1988:70.

a qual causa é a condição que rompe o equilíbrio entre as condições positivas e negativas do aparecimento do resultado.[194]

Teoria da *last clear chance*

Outra teoria — que, por sua vez, tem fundamental repercussão no direito norte-americano — é a da *last clear chance*, a qual, adotando o princípio da *causa próxima*, estabelece a relação de causalidade entre o evento danoso e aquele que teve a *última oportunidade* de evitar a ocorrência do dano (podendo ser, inclusive, a própria vítima), ainda que essa oportunidade não tenha sido a melhor.[195] Como variação da teoria da *last clear chance*, José de Aguiar Dias (2006:695) faz referência à teoria da melhor ou mais eficiente oportunidade de evitar o dano.

Teoria do escopo da norma jurídica violada

Essa teoria se funda no pressuposto de que não é possível individualizar um critério único e válido para se aferir o nexo causal em todas as hipóteses de responsabilidade civil. Propõe-se, então, que o julgador se volte para a função da norma violada, a fim de verificar se o evento danoso recai em seu âmbito de proteção. Assim, quando o ilícito consiste na violação de regra imposta com o escopo de evitar a criação de um risco irrazoável, a responsabilidade se estende somente aos eventos danosos que sejam resultado do risco em consideração do qual a conduta é vedada. Para explicar a teoria, Marco Capecchi (2002:98) formula o seguinte exemplo: um automóvel estacionado em local proibido, reservado a deficientes, é abalroado. Nesse caso, ne-

[194] Cavalieri Filho, 2007:52.
[195] Barros, 2000.

nhuma responsabilidade deve ser imputada ao motorista só porque estava parado em lugar proibido, "*perché la norma non intendeva prevenire i sinistri, ma solo agevolare i soggetti portatori di handicap*".

Polêmica: necessariedade da causa ou causalidade adequada?

Confusão terminológica e teoria adotada no ordenamento brasileiro

Na condição de ponto mais tormentoso e complexo em matéria de responsabilidade civil, a aplicação prática das teorias que fixam a relação de causalidade tem suscitado acesas controvérsias. Não é raro — ao contrário, é muito usual — o aplicador do direito invocar os fundamentos que marcam notadamente uma das três principais teorias dedicadas ao nexo de causalidade e falhar na denominação respectiva. Independentemente do *nomen juris* ventilado, em que grassa infinita confusão, as teorias da causalidade adequada e do dano direto e imediato (esta em sua vertente de causa necessária) têm disputado o espaço como teses prediletas nas principais cortes brasileiras.[196]

Para exemplificação do acima afirmado, veja-se a seguinte ementa:

> Apelação cível. Responsabilidade civil. Cheque falso. Falsificação grosseira. Devolução por insuficiência de fundos. Encerramento da conta. Aplicação da teoria da causalidade adequada.

[196] Há, ainda, segundo Guilherme Couto de Castro (1997:13), certos julgados admitindo a aplicação da teoria *sine qua non* estabelecida no art. 13, §1º, do Código Penal, baseando-se no fato de que não existe absoluta independência entre a esfera cível e criminal, em razão do disposto no art. 63 do CPP.

A conduta negligente do banco foi a causa direta e imediata para o evento danoso, razão pela qual é exclusivamente responsável pelo pagamento dos cheques falsos. Inexistência de culpa concorrente do correntista. Dano moral configurado. Critérios para a fixação de um valor adequado. Juízo de eqüidade atribuído ao prudente arbítrio do juiz. Compensação à vítima pelo dano suportado. Punição ao infrator, consideradas as condições econômicas e sociais do agressor, bem como a gravidade da falta cometida, segundo um critério de aferição subjetivo. Apelo provido (Apelação Cível nº 70.004.397.006, 6ª Câmara Cível, Tribunal de Justiça do RS; relator: Carlos Alberto Álvaro de Oliveira, julgado em 16-4-2003).

Concausas

Trata-se de outra causa que, juntando-se à principal, concorre para o resultado. A concausa não inicia nem interrompe o processo causal, apenas o reforça, tal como um rio menor que deságua em outro maior, aumentando-lhe o caudal. Em outras palavras, concausas são circunstâncias que concorrem para o agravamento do dano, mas não têm a virtude de excluir o nexo causal desencadeado pela conduta principal, nem de, por si sós, produzir o dano.[197] São independentes em suas origens e ações, porém comuns quanto ao resultado conjunto. Podem ser preexistentes, concomitantes ou supervenientes.

A pluralidade de causas pode se apresentar sob quatro aspectos:

- um fato gerador e fato de um autor;
- um fato gerador e várias pessoas;

---

[197] Cavalieri Filho, 2007:80.

- vários fatos geradores e um autor;
- vários fatos geradores e várias pessoas, ou a situação da ocorrência de caso fortuito ou força maior e fato de várias pessoas.

Como o primeiro e o terceiro itens possuem apenas um autor, não haverá qualquer problema em sua aplicação. Contudo, quanto ao segundo e ao quarto itens é que pode haver discussão doutrinária.

Concausas preexistentes

As concausas preexistentes não eliminam a relação causal, considerando-se como tais aquelas que já existem quando da conduta do agente e que antecedem ao próprio desencadear do nexo causal.[198] Sua existência não atenua a responsabilidade do agente lesivo.

Por exemplo: *A* resolve aplicar em *B* um susto que não teria grandes proporções na maioria das pessoas. Contudo, *B* é cardíaco e acaba morrendo.

Concausas concomitantes, simultâneas ou concorrentes

A causalidade concorrente pode ser subdividida em duas espécies:

- a concorrente *lato sensu*, que ocorre diante de fatos independentes e diversos, geradores de um único dano, mas que não possuem um único autor do fato (o fato concorrente pode ocorrer tanto pela atuação de outrem, da própria vítima ou por caso fortuito/força maior);

---

[198] Cavalieri Filho, 2007:80-81.

- a causa concorrente propriamente dita (co-causalidade), que ocorre quando existem vários fatos independentes entre si, com capacidade para provocar o dano se tomados de forma conjunta.

Nesses casos, não se podendo atribuir a uma única causa a superveniência do dano, o art. 942 do CC tem por solidários todos agentes que promoveram as concausas, autorizando a vítima, portanto, a demandar reparação integral de qualquer um dos agentes.

A questão também é debatida na Argentina, onde Scalvini e Leiva (2004), filiados à solução imposta pela lei brasileira, sustentam que parte da doutrina entende que o cerne do problema está na previsibilidade que o primeiro agente pudesse ter em relação à possibilidade de concausa. Sendo a concausa passível de previsão pelo primeiro agente, este deveria responder por todo o dano provocado. Lá, assim como aqui (mas aqui, principalmente, por força de lei), tem prevalecido a opinião de que ambos os agentes devem responder indistintamente por toda a indenização, em abono à tendência de tutelar primordialmente o crédito da vítima.

Estabelecendo como "culpa concorrente" (o que é um equívoco), temos o seguinte julgado do Tribunal do Rio de Janeiro:

> Responsabilidade civil. Obra realizada por condômino, sem prévia comunicação ao síndico, infringindo-se cláusula da convenção. Serviço que, perfurando a coluna central, ensejou vazamento de água. Necessidade de o condômino retirar-se para outro imóvel durante a realização do conserto na coluna central. Pretensão indenizatória por danos materiais e morais, ante a recusa do condomínio a efetivar os consertos, atribuindo a responsabilidade aos autores da ação. Laudo admitindo a culpa do condômino pelo vazamento, mas também conclusivo de que a antiguidade do prédio tornara precária a tubulação, sendo

sua substituição de mister. Embora prevaleça, no caso, a teoria da causalidade adequada, a culpa afigura-se concorrente: a dos autores, pela imperícia da efetivação do reparo, sem os cuidados necessários; a do réu, por não haver substituído a tempo a tubulação referida. Procedência do pedido indenizatório de dano material pela metade, ante a culpa concorrente, com custas em proporção e honorários compensados. Dano moral a arbitrar-se segundo o princípio da razoabilidade. Parcial provimento da apelação dos autores. Ementário: 30/2003, n. 8, 30-10-2003. Tipo da ação: apelação cível. Número do processo: 2003.001.18011. Data de registro: 15-9-2003. Folhas: 143.465/143.472, Comarca da Capital, 5ª Câmara Cível, votação unânime, des. Humberto de Mendonça Manes, julgado em 12-8-2003.

Causas cumulativas

Ocorrem quando existem vários autores independentes e há a possibilidade de se delimitar a cota-parte do dano efetuado por cada um deles. É preciso estabelecer de forma séria a contribuição de cada um. Na dúvida, a solução dar-se-á pelo estabelecimento da solidariedade pela totalidade do dano, havendo uma presunção natural desse fato.

Concausas sucessivas

"Toda causa é causa em relação ao efeito que produz, mas é efeito, em relação à causa que a produziu, estabelecendo-se, deste modo, uma cadeia indefinida de causas e efeitos."[199] A aparente simplicidade da célebre frase de Agostinho Alvim encerra de modo claro os inúmeros entraves para se fixar o nexo

[199] Alvim, 2006:326.

causal e, com efeito, o dever de reparação, sobretudo nas circunstâncias de concausas sucessivas.

O mesmo jurista propõe o seguinte e intrigante exemplo: suponha-se que um prédio desaba por culpa do engenheiro que foi inábil; o desabamento proporcionou o saque; o saque deu como conseqüência a perda de uma elevada soma, que estava guardada em casa, o que, por sua vez, gerou a falência do proprietário. O engenheiro deve responder por essa falência?

Na infindável cadeia de concausas que uma situação pode engendrar, uma ou mais causas podem ser diretamente responsáveis pelo efeito danoso, ao passo que as demais causas teriam influência apenas indireta na causação do prejuízo. Trabalha-se, nesse passo, com um juízo de ponderação, no escopo de pesquisar a causa preponderante.

É em socorro de situações de concausas sucessivas, nas quais se investigará se o fato posterior interrompe — e quando interrompe — o nexo causal, liberando (em que medida) ou não o primeiro agente, que o operador do direito lançará mão das correntes teóricas de causalidade acima enunciadas.

No desenvolvimento desse mister, há quem sustente ser mais próprio e proveitoso não enunciar uma regra absoluta, como pretendem ser tais teorias, cabendo ao julgador examinar e valorar as peculiaridades que singularizam cada caso.[200]

Causas colaterais[201]

As causas colaterais ocorrem quando pessoas diferentes, de forma independente, ocasionam fatos com idoneidade suficiente a ensejar o dano por si só. Distinguem-se das causalida-

---

[200] Stoco, 1999:106.
[201] Noronha, 2003a:647.

des virtuais ou hipotéticas porque, diferentemente destas, nas causas colaterais a primeira série causal não é interrompida.

Leading case

Quando se estudam as teorias de investigação do nexo causal, é inevitável fazer referência ao longo e minucioso acórdão relatado pelo ministro Moreira Alves no julgamento do Recurso Extraordinário nº 130.764/PR, em 12 de maio de 1992. Nele se apreciou detidamente a responsabilidade civil do Estado em face dos danos provocados por assalto de quadrilha da qual fazia parte um preso foragido. A recorrida lastreava o dever de reparação do Estado em sua responsabilidade objetiva, por força do art. 37, §6º, da Constituição da República. A tese que imperou de forma unânime, contudo, foi assim enunciada pelo referido ministro:

> Ora, em nosso sistema jurídico, como resulta do disposto no artigo 1.060 do Código Civil, a teoria adotada quanto ao nexo de causalidade é a teoria do dano direto e imediato, também denominada teoria da interrupção do nexo causal. Não obstante aquele dispositivo da codificação civil diga respeito à impropriamente denominada responsabilidade contratual, aplica-se ele também à responsabilidade extracontratual, inclusive objetiva, até por ser aquela que, sem quaisquer considerações de ordem subjetiva, afasta os inconvenientes das outras duas teorias existentes: a da equivalência das condições e a da causalidade adequada (...). Essa teoria, como bem demonstra Agostinho Alvim, (...) só admite o nexo de causalidade quando o dano é efeito necessário de uma causa, o que abarca o dano direto e imediato sempre, e, por vezes, o dano indireto e remoto, quando, para a produção deste, não haja concausa sucessiva.

> No caso (...) é inequívoco que o nexo de causalidade inexiste, e, portanto, não pode haver a incidência da responsabilidade prevista no artigo 107 da Emenda Constitucional nº 1/69, a que corresponde o §6º do artigo 37 da atual Constituição. Com efeito, o dano decorrente do assalto por uma quadrilha de que participava um dos evadidos da prisão não foi o efeito necessário da omissão da autoridade pública que o acórdão recorrido teve como causa da fuga dele, mas resultou de concausas, como a formação da quadrilha, e o assalto ocorrido cerca de 21 meses após a evasão.

Não obstante o claro e preciso posicionamento do Supremo Tribunal Federal em favor da teoria do dano direto e imediato, grande parte dos acórdãos em nossos tribunais estaduais ainda se vale, se não em seu conteúdo, pelo menos em denominação, da teoria da causalidade adequada.

A teoria da equivalência dos antecedentes, por sua vez, tem aplicação residual e muito rara no campo da responsabilidade civil.

Sistemas de distribuição do prejuízo

No âmbito da responsabilidade civil, os prejuízos decorrentes de um dano injusto devem ser repartidos entre os agentes que concorreram na produção do dano, ainda que perante a vítima eles sejam responsáveis solidários; ou entre o agente e o lesado, se este contribuiu para o evento danoso. A par disso, doutrina e jurisprudência elaboraram três sistemas de distribuição do prejuízo, a saber:

- sistema da paridade — é o sistema de distribuição do prejuízo que, com base na teoria da equivalência dos antecedentes causais, propõe a divisão do dano em partes iguais, razão pela qual é conhecido como sistema da paridade;

- sistema da gravidade da culpa — sistema pelo qual o prejuízo deve ser rateado entre os agentes que concorreram para a produção do dano não em partes iguais, mas sim na proporção da gravidade da culpa de cada um;
- sistema do nexo causal — é o sistema que leva em conta a eficácia causal de cada conduta para distribuir o prejuízo.

O problema da relevância negativa da causa virtual ou hipotética[202]

Por vezes, o dano que normalmente ocorreria por meio de um determinado fato acaba acontecendo em decorrência de outro, sem qualquer relação de causa e efeito com aquele. O primeiro fato é chamado pela doutrina de causa hipotética. Já o segundo é a causa real, determinante da lesão. A doutrina, a partir dessas premissas, construiu a seguinte formulação: poderia o autor da causa hipotética alegar a causa real para se eximir de quaisquer responsabilidades?

Exemplos para reflexão:

- um rapaz quebra a janela de uma casa, com uma bola. O dono da casa pleiteia em juízo o ressarcimento do prejuízo, mas, em sua defesa, o causador do dano prova que, poucos dias depois do evento danoso, uma forte explosão ocorrida nas proximidades atingiu a casa, quebrando todas as suas janelas. A janela quebrada pela bola teria sido, igualmente, destruída pela explosão. Deve responder o rapaz pelo prejuízo?
- um rapaz, sem qualquer autorização, retira o automóvel da garagem de seu vizinho, que estava a viajar. Horas depois, o inimigo político do vizinho provoca, dolosamente, um in-

[202] Noronha, 2003a:658-664. Sobre o tema, ver também Coelho (1998).

cêndio, que reduz a casa a cinzas. Passa-se uma semana e o rapaz colide com o carro, causando-lhe avaria de pouca monta. Note-se que, se o rapaz não tivesse retirado o carro da garagem do vizinho, o incêndio (causa virtual) teria destruído totalmente o veículo, antes mesmo de a colisão ocorrer (causa operante do dano). Pode o rapaz exonerar-se do dever de indenizar, provando que o incêndio causaria um estrago muito maior ao veículo do que a própria batida? Deve responder o incendiário também pela avaria do carro?

Questões de automonitoramento

1. Conceitue nexo de causalidade.
2. Diferencie culpa, condição, circunstância e causa.
3. Quais são e o que afirmam as teorias acerca da causa?
4. O que são e quais as espécies de concausas?

5

Responsabilidade objetiva

Caso gerador

A Casa de Saúde Madre Teresa, que atende a população residente em Cabo Frio e cidades limítrofes, realiza anualmente intensa campanha para a doação de sangue para o único banco de sangue de toda a Região dos Lagos do estado do Rio de Janeiro.

João, buscando efetuar exame de vírus HIV, aderiu à campanha e realizou a doação sangüínea, aproveitando-se do fato de, nesses casos, ser realizado exame completo de contaminação por doenças contagiosas. Ao buscar o resultado, o teste, para sua surpresa, acusava a contaminação de João pela síndrome da imunodeficiência adquirida — Aids.

Um mês depois, após noticiar a sua contaminação à família e amigos, João resolveu realizar o teste em outro hospital, desta vez na cidade do Rio de Janeiro. O novo teste não acusou a presença do vírus HIV na corrente sanguínea de João, sendo esse resultado confirmado num terceiro teste em outro hospital.

João, então, ingressou com ação ordinária com pedido de indenização por danos morais. Em sentença, o juiz da 1ª Vara Cível da Comarca de Cabo Frio condenou a Casa de Saúde Madre Teresa ao pagamento da indenização de R$ 200 mil em favor de João, a título de compensação, mesmo reconhecendo que o hospital mantinha o equipamento de testes em constante manutenção, não tendo descurado de sua conservação.

A Casa de Saúde Madre Teresa, que é uma entidade privada sem fins lucrativos, interpôs recurso de apelação contra a sentença, alegando que a condenação levaria inevitavelmente ao fechamento de suas portas e à demissão de todos os seus 95 funcionários, com inestimável perda para a população da região. Alega, ainda, que não negligenciou, tampouco agiu com qualquer parcela de culpa.

Diante do acima exposto, pergunta-se: haveria aplicação de responsabilidade objetiva? Por quê? Em caso positivo, qual a teoria mais apropriada para fundamentá-la?

Roteiro de estudo

Introdução à teoria do risco — a crise da culpa

O apogeu do individualismo e da autonomia da vontade

O ordenamento jurídico equilibra-se sobre dois valores: a justiça e a segurança jurídica, reconhecidos como as duas finalidades do direito.[203]

Ao longo da história, verifica-se que o mundo jurídico convive com o permanente conflito entre, por um lado, a ne-

[203] Segundo San Thiago Dantas (2002:16), "o direito tem uma dupla finalidade: produzir a justiça e produzir a segurança".

cessidade de segurança e estabilidade jurídica, traduzida na previsibilidade das relações; por outro, a instabilidade decorrente do dinamismo natural das mesmas relações, que impede a fixação de normas estáticas, insusceptíveis de adaptação, sob pena de fossilização do direito posto, com grande perda de eficácia social.

A resolução desse embate permanente, pela busca de um ponto intermédio, de uma medida exata de estabilidade e flexibilidade do sistema, jamais poderá ser obtida de forma definitiva, porquanto o seu critério de aferição nasce do sentimento da sociedade num dado momento, variando, pois, consideravelmente no tempo.

A transição das monarquias absolutistas da Europa, calcadas no discurso de poder irrestrito do príncipe e que se apoiavam no direito canônico, foi emblemática no que se refere à mudança radical de ideologia predominante, repercutindo em todo o direito. Por influência da escola jusracionalista, substitui-se a idéia do direito divino pelas liberdades naturais, que enfeixam o fundamento e o fim do direito, sendo o contrato a sua mais plena expressão, porquanto entendido como uma limitação voluntária da liberdade.

O individualismo no campo filosófico e o liberalismo econômico no campo político dominaram o cenário seguinte à Revolução Francesa e todo o século XIX.[204] A segurança, conjugada à igualdade, assumiu posição central na ordem jurídica, e tais valores manifestavam-se em maior plenitude pela cega proteção à garantia de autonomia da vontade dos indivíduos.

Na ótica individualista e voluntarista, a própria concepção de Estado passa a ser produto da declaração volitiva dos

---

[204] Amaral Neto, 1984:292.

indivíduos, os quais, segundo o pacto social concebido por Rousseau, sacrificam deliberadamente parcela de sua liberdade primitiva em nome da formação de uma sociedade politicamente organizada, de onde o próprio direito emana.[205]

A supremacia da vontade das partes como manifestação de justiça é refletida na regra "*ce qui est contractuel est juste*", ou seja, a fórmula fixada contratualmente supõe-se justa e legítima. Nas lições de Immanuel Kant (1980:144), a vontade individual transforma-se, pois, na única fonte de obrigações.

É nesse contexto propício, vale dizer, baseado na ampla autonomia da vontade, que surge a idéia de culpa como fundamento da responsabilidade civil. Se a responsabilidade civil nada mais é do que uma *obrigação jurídica* de reparar o dano causado pelo agente, para que ela apareça é necessário que derive de um ato de vontade.

Por mais de 150 anos, esse modelo atendeu, com alto grau de satisfação, aos anseios de uma classe social emergente que, às vésperas de sua adoção, detinha o poder econômico, mas não o político, repartido entre a nobreza e a Igreja. Sua implementação derrubou, ainda que apenas formalmente, as desigualdades, pondo termo à divisão oficial da sociedade em estamentos herméticos.

Prestigiava-se a apreensão abstrata do homem como um ser isolado, segregado dos demais, dotado de prerrogativas próprias, nascidos todos livres e iguais em direito. Estando tal modelo assentado numa noção larga e poderosa de vontade individual, não se podia conceber responsabilidade de quem não tivesse voluntariamente obrado com culpa, isto é, quem não tenha agido em erro de conduta, produzindo um comporta-

[205] Zbrozeck, 1957:3-7.

mento socialmente censurável. Exigia-se imputabilidade moral e fundamento psicológico de infringência de um dever de cuidado anterior.

Com suporte legislativo no art. 1.382 do Code Napoleón, interpretando-se culpa a partir do termo legal *faute*, não se admitia nenhuma responsabilidade sem culpa. Assim, nas palavras de Léon Mazeaud (1940:395), "não era suficiente causar um dano a outrem para dever uma reparação; era necessário, ainda, ter cometido uma falta".

A esse sistema chamou-se de teoria da culpa, ou doutrina subjetiva, resumida com alguma arrogância por Ihering na fórmula: "sem culpa, nenhuma reparação".[206]

A convicção de perfeição da teoria da responsabilidade baseada na exigência de ato culposo do agente, no entanto, começa a sofrer abalos na França por ocasião de desastres ocorridos na Exposição Universal de 1898,[207] com um saldo considerável de vítimas que chegavam aos tribunais em busca de reparação.[208]

As modificações socioeconômicas: a ascensão do direito social e o declínio do individualismo

As rápidas e sensíveis modificações no panorama socioeconômico, com o incremento dos transportes, seguido de um acelerado desenvolvimento tecnológico em diversos campos; da intensificação e despersonalização das relações sociais; da complexidade crescente dos produtos e das técnicas de fabricação; da utilização precoce de métodos experimentais e fenômenos ainda não inteiramente conhecidos, como a eletricidade, a

---

[206] Apud Dias, 2006:43.
[207] Mendonça, 1956:459.
[208] Rios, 1984.

radioatividade e outros; enfim, todas essas circunstâncias intensificaram o *modus vivendi* e, somadas ainda ao progressivo adensamento populacional, impuseram aos indivíduos um aumento irrefreável dos perigos que se ofereciam ao seu patrimônio jurídico e integridade, multiplicando-se os danos caracterizados. A esse respeito, Wilson Mello da Silva (1974:6) destaca:

> Estamos na era do progresso avassalador que envolve o homem com toda sorte de percalços, ínsitos nas atividades arriscadas a que se viu compelido nos tempos atuais. E os modernos monstros de ferro e aço, as máquinas de hoje em dia, quais ressurretos Molochs, vão cobrando, em aleijões e mortes, o pesado tributo que a eles pagamos pelo maior conforto, pelo melhor padrão de vida, pelas maiores comodidades de que agora desfrutamos.

A par desse fenômeno de incorporação dos riscos à dinâmica da sociedade, a paulatina massificação das relações — com a produção e consumo em massa, comunicação de massa, contrato de massa — evidencia a interdependência dos homens como jamais se poderia admitir nas origens dos movimentos liberais, que preconizavam um sistema que exaltava a atividade individual dos cidadãos, sobretudo no campo econômico.[209]

Os danos se multiplicavam na razão direta do estreitamento das relaçoes humanas e decorriam, em grande parte, não de comportamentos reprováveis, mas de uma ordem objetiva e até mesmo ocasional. Os acidentes não oriundos de atos dolosos ou culposos, imputáveis claramente a um agente, eram equiparados a fatos do azar, ou àqueles *acts of God* da expressão medieval. Eles materializavam o fortuito, que a ninguém obriga.[210]

---

[209] Tepedino, 2004.
[210] Silva, 1974:25-26.

A área da responsabilidade civil não poderia estar alheia a essa reengenharia social, política e econômica. Mas como vencer a sólida barreira da culpa, que deixava sem solução um sem-número de casos que a civilização moderna criara ou agravara?

Wilson Mello da Silva registra que vários juristas conceberam doutrinas buscando superar a conhecida teoria da culpa subjetiva. Alguns vislumbram teorias objetivistas com base na idéia de eqüidade genérica;[211] outros, no dever de segurança,[212] no de garantia,[213] no risco-proveito[214] ou no risco amplo; a maioria e alguns mais, na anormalidade da ação,[215] no risco determinado por energias acumuladas,[216] no preceito amplo do *neminem laedere*[217] e até mesmo na simples e singela caridade.[218]

Surge então a teoria do risco,[219] formulada na Alemanha por Mataja, em 1888; na Itália, por Orlando, em 1894; e na França, por Saleilles e Josserand, quase simultaneamente, em 1897.[220]

Saleilles, em obra pioneira, interpreta que o art. 1.384 do Código Civil francês, ao aludir a *faut*, utilizou o termo na acepção de *fait*, como equivalente a causa, e não como culpa, conforme sustentam os ardorosos defensores da teoria clássica. Argumentou, ainda, que o art. 1.382 do Código Napoleônico diria apenas, em última análise, que "o que obriga à reparação é o fato do homem, constitutivo do dano",[221] dispensando a investigação do elemento anímico do agente.

---

[211] Trabucchi, 1948:178.
[212] Levy, 1926:43.
[213] Starck, 1947:51.
[214] Josserand, 1926:1059.
[215] Ripert, 1902.
[216] Philonenko, s.d., p. 305.
[217] Coviello,1897.
[218] Rodière, 1952:10.
[219] Para uma concepção atual acerca da teoria do risco, ver Magalhães (2006).
[220] Garcez Neto, 2000:95.
[221] Pereira, 1998:16-17.

No direito alemão, os rumos da responsabilidade civil fundada no risco são esboçados inicialmente por Karl Binding, partindo da projeção da responsabilidade criminal na responsabilidade civil.[222] A teoria objetiva ganhou outros vários adeptos em solo germânico, como é o caso de Karl e Ennecerus,[223] embora reconhecessem não ser esta a regra geral que norteava o *Bürgerliches Gezetsbuch* (BGB).

Como reação por parte dos defensores da teoria subjetiva, foram engendrados vários mecanismos para alargar o espectro da responsabilidade baseada na culpa. Tentou-se ampliar o conceito de culpa, criaram-se presunções legais de culpa — tanto *juris tantum* (relativa) quanto *juris et juris* (absoluta) —, passou-se a preferir o critério da culpa *in abstrato*, enfim, tudo isso como técnicas para assegurar sobrevida à teoria da culpa.

Para os objetivistas, contudo, os fundamentos estruturais da velha culpa não mais atendiam a nova realidade social. Seus postulados vinham sendo atropelados pelo processo histórico, que apontava para as vantagens de um modelo de responsabilidade objetiva.[224] O sistema individualista da culpa evoluiu para um sistema solidarista de reparação do dano, sob o influxo de elementos de caráter social, de eqüidade, de solidariedade, de prevenção etc., os quais serão apresentados um a um a seguir.

Um dos primeiros julgados a acolher a teoria do risco, em 1986, foi a condenação de um proprietário de um rebocador pela morte de um mecânico, em conseqüência da explosão de uma caldeira, embora esse evento resultasse de um defeito de construção. Tal responsabilidade não cessaria mesmo que o proprietário do rebocador provasse a culpa do construtor da máquina ou do caráter oculto do defeito da coisa.[225]

---

[222] Dias, 2006:50.
[223] Pereira, 1998:16.
[224] Noronha, 1999:127.
[225] Garcez Neto, 2000:98.

Conceito

A idéia de responsabilidade sem culpa muito se difundiu na sociedade moderna. Com o surgimento da responsabilidade objetiva, desaparece a necessidade de provar a falta do agente.

Na chamada teoria do risco, cada qual deverá sofrer o risco de seus atos, sem cogitação da idéia de culpa. Principalmente numa sociedade industrializada, cada um deve suportar os riscos a que expõe os outros em face do uso de instrumentos tecnológicos cada vez mais modernos para a obtenção de cada vez mais lucros.

Como exemplo de responsabilidade objetiva podemos citar o dever de reparação do explorador de atividade industrial insalubre, ou a manutenção de depósitos de explosivos ou inflamáveis. Na responsabilidade por fato de terceiro, como a do pai, do tutor ou do curador pelos filhos, pupilos e curatelados, ou a do patrão pelo empregado, ou a do dono de hospedaria pela hóspede, ainda que não tenha havido culpa *in vigilando* ou *in eligendo*, basta a comprovação do fato danoso e da relação jurídica da paternidade, da tutela, da preposição etc. para se caracterizar a sua responsabilidade.[226]

Segundo Roberto Senise Lisboa (2004:615), poderíamos assim caracterizar os princípios do sistema objetivo da responsabilidade:

- a coletivização da responsabilidade ou socialização dos riscos;
- o advento da responsabilidade pelo dano decorrente do simples exercício;
- a possibilidade de fixação da indenização mais ampla possível pelo dano verificado, salvo exceções à regra, nas quais

---

[226] Boiteux, 1987:60.

poderia ocorrer a limitação da reparação do dano, por força de previsão legal;
- a responsabilização pelo risco da atividade.

Como nosso Código Civil de 1916 era essencialmente subjetivista, pois todo o seu sistema estava fundado na cláusula geral do art. 159 (culpa provada), a responsabilidade objetiva foi se desenvolvendo através de leis especiais.

O Código Civil de 2002 trouxe algumas modificações. Apesar de ter mantido a responsabilidade subjetiva, optou pela responsabilidade objetiva em diversos artigos, como, por exemplo, o abuso do direito (art. 187), o exercício de atividade de risco ou perigosa (art. 927, parágrafo único), danos causados por produtos (art. 931), responsabilidade civil pelo fato de outrem (art. 932, c/c o art. 933), responsabilidade pelo fato da coisa e do animal (arts. 936, 937 e 939), responsabilidade dos incapazes (art. 928) etc. O professor Cavalieri Filho (2007:158) define o abuso do direito como princípio geral da responsabilidade civil objetiva, uma vez que o "titular de um direito", conforme expresso no art. 187 do Código Civil,[227] pode abranger todo e qualquer direito cujos limites forem excedidos. Além disso, no caminho definitivo da objetivação, o Código de 2002, ao tratar do abuso de direito, inclui na contrariedade ao direito também a violação do fim econômico ou social, da boa fé e dos bons costumes.

Responsabilidade objetiva: pura e impura

Além da caracterização teórica da responsabilidade civil sem culpa, Álvaro Villaça (1993:10) propõe uma subdivisão da

[227] "Também comete ato ilícito o titular de um direito que, ao exercê-lo, excede manifestamente os limites impostos pelo seu fim econômico ou social, pela boa-fé ou pelos bons costumes".

responsabilidade objetiva em duas outras categorias: teoria pura e teoria impura. Tomemos como exemplo a ilustração do próprio autor:

> se um recipiente de ácido, instalado com toda a segurança, por ocorrência de um tufão, é arrastado a um rio, causando danos ecológicos, a obrigação de indenizar existe, ou seja, independente de culpa de qualquer dos agentes, há de haver indenização. Esta seria, portanto, o que o autor denomina *responsabilidade objetiva pura*, quando a indenização é devida por ato ilícito ou ainda, como no exemplo em questão, por mero fato jurídico, porque a lei assim determina.

É o caso das hipóteses previstas do Código de Defesa do Consumidor, onde há previsão de indenização, independentemente de culpa, como a do fabricante, do produtor, do construtor, nacional ou estrangeiro, e do importador, quando responsáveis por defeitos decorrentes de projeto, fabricação, construção, montagem, fórmulas, manipulação, apresentação ou acondicionamento de seus produtos, ou ainda falta de informação ou informação inadequada sobre sua utilização e riscos.

Já a *responsabilidade objetiva impura* tem sempre como pré-requisito a culpa de terceiro, que está vinculada à atividade do indenizador.

Portanto, nessa segunda hipótese, o indenizador ressarce o prejuízo causado por terceiro, que age culposamente, tendo direito de regresso contra este último, enquanto na teoria pura o indenizador responde pelo ato ilícito ou ainda pelo fato jurídico, não tendo contra quem regressar, uma vez que inexiste culpa.

Os elementos informadores da responsabilidade objetiva (fundada no risco)

Os elementos sociais: o bem comum e a paz social

Em face da proclamada necessidade de revisão do direito civil, tendo como germe a figura do homem como um ser social — e não isolado, como lhe reputava a doutrina voluntarista setecentista —, a nova ótica produz profundos efeitos também na disciplina da responsabilidade civil. A noção irreal de igualdade formal dos homens, da mesma forma, agoniza ante a demonstração quotidiana de que as pessoas não são todas iguais, possuindo características próprias e singulares, as quais não podem ser ignoradas pela ordem jurídica em sua tarefa de promover a proteção de todos os indivíduos não apenas formalmente. Assim, a verdadeira igualdade, a material, seria aquela que releva as diferenças entre os indivíduos.

Em razão principalmente dessas mudanças estruturais, que ganharam ares de verdadeira revolução, tornou-se lugar-comum afirmar que a responsabilidade civil foi o campo mais fértil para tais modificações, sendo identificada como o instituto de direito civil com desenvolvimento mais espetacular nos últimos 100 anos.

Na moderna responsabilidade civil, a turbação do patrimônio particular não interessa somente ao indivíduo, pois, se assim fosse, tê-lo-íamos como excluído da sociedade a que pertence e de que participa.

O dano causado, sob qualquer forma, terá que ser entendido como um abalo na ordem social, ainda que seja de pequeno vulto. Como o prejuízo causado ao particular repercute inelutavelmente na coletividade, fica rompido o equilíbrio social, reclamando, portanto, restabelecimento. É sob essa apreensão do homem inserido na sociedade que se justifica a atuação repressiva do Estado, com o fito de garantir a manutenção do bem comum, do equilíbrio e da paz social.

A solidariedade

Para os adeptos da doutrina objetiva da responsabilidade, a busca da reparação deverá operar-se em atendimento à regra da solidariedade, por meio da qual se procura dar tratamento diferenciado aos desiguais, de modo que aquele que vier a causar dano a alguém, por explorar atividade perigosa, com a finalidade de obter vantagem de qualquer ordem, deverá reparar os prejuízos provocados.[228]

Afigura-se claro que, em princípio, existe uma desigualdade fática entre o sujeito que exerce a atividade criadora do risco e a vítima, não só em relação ao aspecto de maior poderio econômico, mas também no que tange às vantagens que o exercício da atividade perigosa procura obter. A essas desigualdades deverá ser aplicado um juízo de valor, a resultar no equilíbrio que deve existir entre as partes envolvidas, de forma que a reparação obtida, além de premiar esse equilíbrio, atenda ao princípio da solidariedade social que deverá ser alcançado ou mantido.[229]

Na hipótese de responsabilidade pelo risco, portanto, impera a justiça distributiva, e o evento danoso deve ser satisfeito por quem o assumiu.[230]

A prevenção

Inspirado na dificuldade da prova da responsabilidade civil, o princípio da prevenção consiste em não admitir a

---

228 Alonso, 2000:45.

229 Ibid.

230 Nessa ordem de idéias se manifesta Couto e Silva (1997:214).

exoneração da pessoa a quem se atribui a responsabilidade, enquanto não prove que o fato é resultado de uma causa exterior e estranha à sua atividade, e impossível de ser por ela afastada.[231]

Os cultores desse princípio entendem que o homem é dotado de discernimento de prevenção, pelo qual tem condições de calcular antecipadamente as suas decisões, o bom ou o mau resultado delas, de forma a prevenir acidentes.[232]

Não se trata, esclarece José de Aguiar Dias (2006:53), de exigir-se um homem dotado de *diligentia* mais elevada do que a do *bonus pater familias*, de natureza escrupulosa e desconfiada, que se deixa intimidar por todas as apreensões possíveis e que tende a obviar a todo perigo. Ao revés, busca-se o homem que, com olhar seguro, calcula as possibilidades de bom ou mau êxito, as possibilidades de acidentes e os gastos com sua prevenção, e adquire, pesando fria e exatamente os diversos fatores, a garantia de acerto de sua decisão.

Portanto, a teoria do risco impede de certa forma o individualismo egoísta, que só busca sua conveniência, sem se preocupar com o bem alheio, obrigando os homens a um maior cuidado e prudência, desenvolvendo-lhes o espírito de solidariedade.[233]

A eqüidade

A eqüidade seria, ao lado da solidariedade, da paz social e do bem comum, um dos grandes instrumentos de justificação da tese da responsabilidade objetiva. A eqüidade atua de maneira dúplice: de *lege ferenda*, preparando caminho para as dis-

---

[231] Dias, 2006:52-53.
[232] Alonso, 2000:45 e 48.
[233] Garcez Neto, 2000:99.

posições legislativas; ou de *lege lata*, conduzindo à humanização da lei, à sua atualização, à boa aplicação dela em face dos casos concretos, dentro do justo, do razoável e em atendimento à finalidade social e do bem comum.[234]

A responsabilidade objetiva funda-se não na eqüidade como expediente técnico de exegese, mas na eqüidade em sentido *lato*, na eqüidade aplainadora de dúvidas doutrinárias, tradutora de anseios coletivos de melhor justiça, como ferramenta para ditar reformas substanciais reclamadas por situações novas, posta defronte a leis herméticas.

Com apoio na eqüidade, a maioria dos ordenamentos jurídicos mais venerados chegou a admitir a responsabilidade das pessoas privadas de discernimento, seja por menoridade, seja por insanidade mental.[235]

José de Aguiar Dias (2006:53) atribui à eqüidade ainda outro papel. Aliando-se a eqüidade à solidariedade social e à noção de justiça distributiva, segundo ele, o mecanismo da responsabilidade funcionaria conforme a situação das partes interessadas. Assim, se a pessoa que causa dano é economicamente forte, alarga-se o campo em que se enquadra a responsabilidade, mormente se o lesado é pouco afortunado. Na situação oposta, restringe-se esse campo, apontando o renomado jurista, até com certo exagero, que até exclui a ação de indenização, desde que o autor tenha agido sem malícia ou culpa grave. Temperando um pouco o entendimento anterior, o mesmo civilista depois aduz que a eqüidade não pode, por si mesma, constituir-se em base da responsabilidade civil. Se a julgássemos suficiente, teríamos conseqüentemente estabelecido que o rico deveria,

[234] Silva, 1974:154.

[235] O novo Código Civil, seguindo a mesma tendência, inovou em relação ao Código Civil de 1916 e já prevê, em seu art. 928, a responsabilidade do incapaz com algumas limitações.

sempre e sempre, ressarcir o dano experimentado pelo pobre, conclusão que, por absurda, põe de manifesto a inadmissibilidade da regra.

Normalmente a causa do dano é anônima, o que impede a vítima de identificá-la. Por isso a teoria do risco seria mais justa e eqüitativa, conforme ressalta Josserand:

> A reparação dos danos não deve ser deixada aos azares da sorte ou do destino, tanto mais que, entre a vítima e o autor do dano, a primeira merece mais proteção, porque comumente é a que possui menos recurso e porque nada fez para causar o prejuízo.[236]

O caráter perigoso do ato e a repartição do dano

A repartição do dano como forma de reparação do prejuízo advém dos imperativos de ordem social e eqüidade. Sobrevindo dano, alguém deve ser incumbido de repará-lo.

Várias são as causas geradoras de danos: do fato das coisas, do fato do homem, de qualquer sinistro e até do azar; e sob a égide absoluta da teoria da culpa, os prejuízos acabavam sendo, em larga medida, suportados pelas próprias vítimas.

Foi necessário que a exposição a riscos e, com efeito, a danos atingisse progressões exponenciais à razão da evolução tecnológica para balançar os pilares da teoria subjetiva.

A partir da premissa de que tal desenvolvimento tecnológico e científico foi estimulado para favorecer não somente determinadas pessoas ou pequenos grupos de pessoas, mas toda uma sociedade — ou, na prática, boa parte dela —, a conclusão a que se chega é que os riscos daí resultantes devem ser, por igual, compartilhados pela sociedade.

[236] Apud Garcez Neto, 2000:98.

Para ilustrar a tendência, Paulo Sérgio Gomes Alonso (2004:53-54) cita o exemplo de uma máquina industrial que explode, desintegrando-se em incontáveis fragmentos, causando danos a determinado número de operários, mesmo tendo a máquina sido submetida a revisões e manutenção periódica pelos mesmos operários vitimados no incidente, os quais receberam o devido treinamento para sua operação. Pondera o autor:

> Ora, tal máquina perigosa a todos beneficiava: o seu proprietário, pois, através da sua utilização, obtinha os proventos necessários para a atividade industrial; os operários, porque pelo exercício de suas atividades percebiam os seus salários; a sociedade, que dela se beneficiava pelo consumo dos produtos nela industrializados; e mesmo o próprio Estado, que, pela receita tributária obtida, no exercício das suas atividades, repassava o produto arrecadado à sociedade em forma de benefícios e/ou para a manutenção da sua administração.

Assim sendo, a repartição dos danos procura demonstrar que, tendo como pano de fundo a convivência da sociedade com os perigos, conjugada às regras da solidariedade e aos elementos sociais acima mencionados, qualquer dano deverá ser indenizado por todos os membros da coletividade, evitando que um sem-número de casos fique sem solução.

Como consectário dessa consideração, observa-se a absorção do dano pelo *seguro geral de responsabilidade*, a ser suportado pela coletividade, a fim de socorrerem-se, por meio do Estado, as vítimas de acidentes, em todas as diferentes ações possíveis.[237]

---

[237] Bittar, 2001:46.

Mais adiante será apresentado um panorama mais completo das etapas de desenvolvimento da idéia de *socialização dos riscos*.

Conceito e espécies de risco

Noção de risco

No vocabulário jurídico, *risco* é um conceito polivalente. Várias são as acepções em que se emprega, significando, em termos gerais, o perigo a que está sujeito o objeto de uma relação jurídica de perecer ou deteriorar-se.[238]

Em outro sentido, risco é elemento essencial no contrato aleatório. No contrato de seguro, por sua vez, proporciona-se ao segurado ou a terceiro uma indenização pelos prejuízos resultantes de *riscos* futuros.[239]

Em matéria de responsabilidade civil, risco tem um sentido especial, abrangendo toda concepção de responsabilidade civil que seja independente de culpa.[240] Cavalieri Filho (2007:143) apresenta uma definição mais prática e palpável, aduzindo que risco é perigo, é probabilidade de dano.[241]

Modalidades de risco

Na doutrina de responsabilização objetiva, várias teorias em torno da idéia central de risco foram concebidas para dar suporte ao nascimento do dever de reparação independente de culpa. Entre as principais modalidades podem ser destacadas

[238] Pereira, 1998:279.
[239] Ibid.
[240] Mazeaud e Mazeaud, 1948.
[241] Cavalieri Filho, 2007:143.

as teorias do *risco-proveito*, do *risco criado*, do *risco profissional* e do *risco integral*.

Risco-proveito

A teoria do risco-proveito está baseada no princípio *ubi emolumentum ibi onus*, ou seja, nada há de mais justo do que aquele que obtém o proveito de uma empresa, o patrão, onerar-se com a obrigação de indenizar os que forem vítimas de acidentes durante o trabalho.[242]

A teoria surge originalmente para justificar os danos decorrentes de relações de trabalho, mas se espraia para as demais relações, apoiada na regra de que deve ser responsável aquele que tira proveito da atividade danosa.

Alvino Lima (1999:198) formula com exatidão o conceito da teoria:

> A teoria do risco não se justifica desde que não haja proveito para o agente causador do dano, porquanto se o proveito é a razão de ser justificativa de arcar o agente com os riscos, na sua ausência deixa de ter fundamento a teoria.

A partir da idéia central de proveito ou vantagem, os opositores dessa teoria passaram a fazer questionamentos quanto à sua consistência, indagando, por exemplo, o que pode ser entendido por proveito. Deve sugerir uma vantagem econômica sempre (proveito em sentido estrito), ou não (proveito em sentido amplo)? Se econômico, como explicar a responsabilidade dos pais pelos filhos, naqueles sistemas onde se reconhece como objetiva a responsabilidade nesses casos?

---

[242] Lopes, 2000:171.

Tais objeções levaram os objetivistas a estender a área do risco, para se tê-lo amplo, insculpindo a teoria do risco criado.[243]

Risco criado

A teoria do risco criado tem como mais fervoroso adepto o professor Caio Mário Pereira (1998:24), que assim a sintetiza: "aquele que, em razão de sua atividade ou profissão, cria um perigo está sujeito à reparação do dano que causar, salvo prova de haver adotado todas as medidas idôneas a evitá-lo".

Ainda de acordo com o professor Caio Mário, a teoria do risco criado importa em ampliação do conceito de risco-proveito. Aumenta os encargos do agente; porém, é mais eqüitativa para a vítima, que não tem de provar que o dano resultou de uma vantagem ou de um benefício obtido pelo dano causado. Deve o primeiro assumir as conseqüências de sua atividade. O exemplo do automobilista é esclarecedor: na doutrina do risco-proveito, a vítima somente teria direito ao ressarcimento se o agente obtivesse proveito, ao passo que na do risco criado a indenização é devida mesmo no caso de o automobilista estar passeando por prazer.

A teoria do risco criado baseia-se no simples princípio da causalidade, traduzido no fato de que todo efeito tem, necessariamente, uma causa que lhe bastaria para encontrar aí a própria responsabilidade. Descoberta a causa-pessoa responsável, considerando que a responsabilidade civil é eminentemente patrimonial, encontra-se também o patrimônio que deve suportar o prejuízo causado ao patrimônio do lesado, mesmo não resultando de atos ilícitos propriamente ditos.

---

243 Alonso, 2000:53-54.

Risco profissional

A teoria do risco profissional sustenta que o dever de indenizar tem lugar sempre que o fato prejudicial é uma decorrência da atividade ou profissão do lesado. Foi desenvolvida para justificar a reparação dos acidentes ocorridos com os empregados no trabalho ou por ocasião dele, independentemente de culpa do empregador.[244] Assim é que diz Saleilles:

> É porque o chefe da exploração se aproveita das boas probabilidades que a lei põe a seu cargo as más, os riscos da indústria, da profissão. O risco profissional, tal é o fundamento da obrigação que pesa sobre o indivíduo que agrupa ao redor dele outras atividades, que se cerca de operários e de máquinas, cria um organismo que não segue sem atritos e pode causar prejuízos, (...) e quem, portanto, suportará este risco senão aquele em cujo interesse funciona o organismo que ele criou?[245]

Risco integral

A teoria do risco integral é a modalidade extrema da responsabilidade objetiva, sendo tachada de brutal pelos defensores da doutrina tradicional, por ter conseqüências iníquas. Em virtude de sua especialidade, seu campo de aplicação deve ser expressamente previsto em lei.

Para a teoria do risco integral, o agente é obrigado a reparar o dano mediante a sua só prova, prescindindo até de comprovação do nexo causal, naquelas circunstâncias que a lei contempla. Trata-se, pois, de teoria de incidência excepcionalíssima.

---

[244] Cavalieri Filho, 2007:144.
[245] Apud Cesarino Júnior, 1977.

Carlos Alberto Bittar (2001:46), aludindo à adoção da teoria no caso de atividade nuclear (em que há reparação mesmo que a lesão causada pelo material nuclear à integridade física da vítima ocorra por sua culpa exclusiva), adiciona algumas outras características do risco integral, como, *verbi gratia*, a limitação das indenizações aos valores descritos nas leis próprias; a obrigatoriedade de garantia prévia para o exercício da atividade, mediante seguro especial; e a vinculação direta ou indireta do Estado ao pagamento das indenizações devidas.

Observe-se, por fim, que a discussão em torno das diversas teorias do risco não encontra eco na maioria das codificações, nas quais o risco é tratado de modo unitário. Mais: a própria responsabilidade objetiva encontra aplicações em situações variadas onde dificilmente se identifica a produção de um risco, ou sua fruição, pelo sujeito considerado responsável. Atenta a isto, a doutrina mais recente vem sugerindo que a responsabilidade objetiva se constitui numa proposição puramente negativa, a prescindir da culpa na responsabilização independentemente da efetiva identificação de risco criado, risco proveito etc.[246]

Da responsabilidade à solidariedade

O ocaso da culpa como elemento informador do dever de reparar provocou um deslocamento de eixo da responsabilidade civil: do foco no autor — sobretudo em seu aspecto íntimo —, os holofotes se voltam para a vítima, impondo que, para cada dano que venha a existir, exista também um responsável, ou seja, que haja reparação do prejuízo.

[246] Schreiber, 2007:27.

Por isso, para a maioria dos juristas, hoje, a responsabilidade objetiva é a que mais se aproxima da ideal, atendendo de modo mais satisfatório aos interesses sociais. Afinal, nada mais convergente com o interesse social que o prejuízo da vítima seja reparado por aquele que lhe deu causa, ainda que laborando sem culpa. No entanto, a própria perquirição da causa do dano tem sofrido o influxo do que já se denominou "causalidade flexível", de modo a facilitar a condenação do réu com o deliberado escopo de não manter o dano sobre a vítima.[247]

Não se nega que todos os danos sejam ressarcíveis, integralmente, mas não se pode ignorar também que o risco — risco criado para a facção majoritária — não é individual, mas coletivo.[248] Não é justo, pois, que riscos coletivos correspondam a responsabilidades individuais. Pelo contrário, é imperiosa a necessidade de solidarização dessa responsabilidade, por meio da diluição dos danos pela sociedade como um todo ou, ao menos, pelo conjunto de agentes potencialmente lesivos em cada setor econômico.[249]

Pereira (1998:290) diz ser notória a tendência moderna no sentido da cobertura da reparação dos danos por via de mecanismos que a desviam da responsabilidade individual. Difunde-se o uso da seguridade social para os mais variados riscos, tais como acidente do trabalho, seguro de veículo automotor para acidentes envolvendo terceiros, seguro das empresas aéreas para acidentes pessoais, perda ou extravio de bagagens, seguro obrigatório de embarcações etc.

Malaurie e Aynès[250] indicam três etapas de desenvolvimento identificáveis do fenômeno de socialização dos riscos:

---

[247] Schreiber, 2007:49-75.

[248] Pereira (1998:289) adverte que não cabe levar ao extremo de considerar que todo dano seja indenizável pelo fato de alguém desenvolver uma atividade. Neste ponto surge o elemento básico: a relação de causalidade.

[249] Schreiber, 2007:212-225.

[250] Apud Pereira, 1998:289.

- ocorre a extensão da responsabilidade pela prática do seguro que distribui o risco entre os segurados: "o seguro é a complementação da responsabilidade";
- a socialização dos riscos é assegurada diretamente pela seguridade social, a cargo de organismos coletivos que assumem os riscos sociais: "a responsabilidade é o complemento da seguridade social";
- a vítima somente poderá reclamar da seguridade social caso não obtenha reembolso contra o responsável: "a repartição coletiva dos riscos exclui, então, a responsabilidade".

Por mais sedutor que o programa de socialização do risco possa parecer, cabe, por fim, lançando mão da observação de Pereira (1998:189), notar que o princípio da responsabilidade civil, tal qual o concebemos hoje, sobrevive, e não há perspectiva de sua abolição. Na experiência estrangeira, contudo, vemse verificando cada vez mais o recurso a mecanismos securitários paralelos à responsabilidade civil, a fim de facilitar o seu funcionamento e obter a necessária diluição dos danos provocados em sociedade, sem os percalços que normalmente castigam a dinâmica das ações de reparação. Tem adquirido especial destaque, nesse sentido, o seguro privado obrigatório, ou seguro de responsabilidade civil imposto por lei, como se vê no bem-sucedido exemplo da circulação de veículos automotores na Europa.[251]

No entanto, autores como Martinho Garcez Neto (2000:100) ressaltam algumas críticas à teoria do risco:

- a teoria do risco tem o grave inconveniente de suprimir da responsabilidade civil o elemento moral, reduzindo assim a responsabilidade civil a um simples problema de causalidade;

[251] Schreiber, 2007:229-233.

- o problema da responsabilidade civil não pode ser reduzido a um simples problema de causalidade, visto que normalmente é um dano gerado por várias causas, não sendo possível estabelecer sua verdadeira determinante;
- a teoria do risco paralisa a iniciativa e o espírito de empresa;
- a teoria do risco, ao invés de desenvolver o espírito de solidariedade, descarrega a responsabilidade com a cobertura dos riscos pelo seguro e reduz o âmbito da responsabilidade, incentivando a imprudência dos operários;
- nem sempre o proveito ou benefício de uma empresa ou atividade pertence integralmente ao seu dono ou autor, pois parte dele pode pertencer à coletividade, com a arrecadação de impostos, ou porque os serviços públicos a todos beneficiam, enquanto a outra parte pertence ao próprio operário, sob forma de salário;
- não é justo responsabilizar aquele que não cometeu nenhum erro ou ilícito, pela única circunstância de ter tido apenas uma ocasional intervenção na realização do dano, mesmo porque quem agiu de maneira incensurável não deve ser molestado.

Questões de automonitoramento

1. Por que se deu o ocaso da culpa como único paradigma da responsabilidade civil?
2. Conceitue a responsabilidade objetiva e distinga a pura da impura.
3. Quais os principais fundamentos justificadores da responsabilidade objetiva?
4. Conceitue e diferencie as espécies de risco.
5. Em que consiste a socialização do risco?

6

Responsabilidade civil no Código de Defesa do Consumidor

Casos geradores

Caso 1

Um grupo de crianças, com idade entre sete e nove anos, devidamente representadas, ajuíza ação de indenização contra a rede de *fast food* McRonald, Hamburguês e Grinace S.A., por sofrerem de obesidade, pressão alta, diabetes e problemas de coração. Todas as crianças são consumidoras assíduas de lojas dessa rede situadas perto de suas escolas e às quais têm livre acesso, independentemente da autorização de seus pais.

Assim sendo, fundamentam-se, principalmente, nas seguintes questões: a publicidade dirigida ao público em geral estimula o consumo em restaurantes *fast food*, inclusive do público infantil; é abusiva a publicidade que se aproveita da deficiência de julgamento e experiência da criança e que é capaz de induzi-la a se comportar de forma prejudicial à sua saúde; trata-se de publicidade enganosa por omissão porque deixa de informar sobre dados essenciais dos produtos oferecidos; é direito do consumidor ser advertido sobre riscos para sua saúde.

A parte autora alega que os consumidores são levados a acreditar que os produtos oferecidos numa cadeia de *fast food* fazem parte de uma dieta balanceada e nutritiva, sem a devida informação quanto às quantidades de conservantes, açúcares e gorduras nos alimentos.

Em contestação, as rés argumentam que o consumidor tem ciência dos malefícios que podem ser causados ao optarem por um produto com alto teor de gorduras e açúcares. Alegam ainda que diversos outros estabelecimentos de alimentos oferecem esses mesmos produtos ao consumidor.

Isto posto, pergunta-se: perante o ordenamento brasileiro, poderia a rede de *fast food* ser civilmente responsabilizada pelo estado de saúde das crianças?

Caso 2

Um importante laboratório americano lançou um poderoso medicamento para redução dos níveis de colesterol. O medicamento foi exaustivamente testado, durante cinco anos, antes de sua introdução no mercado, tendo igualmente sido aprovado pela FDA, agência americana responsável pela autorização para a comercialização de produtos. No entanto, 10 anos após o lançamento do produto no mercado, começam a ser relatados casos de pneumonia atípica, com um enfraquecimento dos membros que termina por provocar dificuldades de locomoção, ficando comprovado, por meio de estudos científicos, que é um componente do medicamento que está causando tais efeitos colaterais nefastos. Estima-se em cerca de 100 mil o número de usuários do medicamento em todo o mundo, mas a empresa fabricante já adiantou que não os irá ressarcir, pois já tomou a cautela de retirar o produto do mercado. Procede a atitude da fabricante?

Roteiro de estudo

Modelos de responsabilidade civil do Código de Defesa do Consumidor e a teoria do risco do empreendimento

A sistemática do CDC faz distinção entre a responsabilidade civil decorrente de fato do produto e do serviço, disciplinada nos arts. 12 a 17, e a decorrente de vício do produto e do serviço, regulada nos arts. 18 a 25 do mesmo diploma.

A responsabilidade pelo fato do produto e do serviço está fundada num acidente de consumo, isto é, um *defeito* que acarreta, ao menos, danos morais ao consumidor.[252] Nos acidentes de consumo, o produto ou o serviço apresenta um defeito extrínseco, que extrapola a própria substância do bem. Portanto, o fato do produto e do serviço consiste num acontecimento externo que atinge o consumidor e seu patrimônio.

Por outro lado, a responsabilidade por vício do produto ou do serviço está ligada a defeitos inerentes aos próprios produtos ou serviços. Trata-se de vícios *in re ipsa*, ou seja, um vício intrínseco aos produtos ou serviços que os torna inadequados para os fins a que o consumidor pretendia destiná-los.

Em regra, as duas modalidades de responsabilidade previstas no CDC são de natureza objetiva, o que implica a falta de necessidade de se demonstrar a culpa do fornecedor para que o dever de indenizar esteja configurado. Com exceção, apenas, dos casos de serviços prestados por profissionais liberais, desde que não prestados sob a forma de sociedade, o fornecedor do serviço só responde se agiu com culpa, nos termos do art. 14, §4º, do CDC.

---

[252] Lisboa, 2001:236.

O regime de responsabilidade subjetiva aplicável, portanto, à categoria dos profissionais liberais decorre, segundo Denari (2001), da personalização do serviço, isto é, do caráter *intuitu personae* da prestação. Não se caracteriza normalmente qualquer elemento empresarial que justifique se cogitar de exploração de atividade econômica organizada que lhe permita distribuir as perdas entre os seus clientes diretos.[253] O caráter excepcional da responsabilidade do profissional liberal não afasta nem diminui em importância a regra geral da responsabilidade objetiva assentada no CDC.

Assim, verifica-se que, em geral, o CDC inovou ao transferir os riscos do consumidor para o fornecedor. A esse respeito, Cavalieri Filho (2007:473) não hesita em afirmar que o CDC "estabeleceu responsabilidade objetiva para todos os casos de acidente de consumo, quer decorrentes do fato do produto (art. 12), quer do fato do serviço (art. 14). Pode-se, então, dizer que o código esposou a *teoria do risco do empreendimento* (ou empresarial), que se contrapõe à *teoria do risco do consumo*".

A teoria do risco do empreendimento — ou risco da atividade, segundo Nelson Nery Júnior (1992) — assume a posição de postulado fundamental da responsabilidade civil dos danos causados ao consumidor. Desbanca o então reinante risco do consumo, pelo qual, antes das normas especiais de tutela do consumidor, era este que deveria diligenciar no sentido de apurar a qualidade e boa procedência dos produtos adquiridos ou dos serviços contratados.

De acordo com a teoria do risco do empreendimento, o fornecedor deve responder pelos vícios ou defeitos dos bens e serviços fornecidos independentemente de culpa, uma vez que, ao disponibilizar produtos e serviços no mercado, ele tem o

---

[253] Coelho, 1994:98.

dever de obedecer às normas técnicas e de segurança perante o consumidor.

Dessa forma, o fornecedor garante a qualidade e segurança dos produtos e serviços que coloca no mercado, porquanto não cabe ao consumidor suportar os riscos da relação de consumo. O consumidor não pode arcar com os prejuízos causados pelos acidentes de consumo.

Segundo James Marins (1993:131), "não há dúvida que ao empresário cabe a carga referente aos riscos que possam ser causados pela comercialização de produtos". Portanto, cabe ao fornecedor, por meio dos mecanismos de preço e dos seguros sociais, repartir os riscos causados pelos seus produtos e serviços, evitando que tais riscos sejam despejados nos ombros dos consumidores individuais, parte hipossuficiente da relação de consumo.

Apresentação dos modelos de responsabilidade do Código de Defesa do Consumidor

Seguindo a tendência dominante na maioria dos países de sistemas jurídicos mais maduros e motivados pela gênese constitucional, o legislador consumerista buscou aparelhar o CDC de mecanismos próprios de defesa muito mais amplos e eficazes do que a inócua e incipiente proteção que o CC/16 dedicava ao consumidor. As principais modificações implementadas pelo CDC, cujas normas são de ordem pública, podem ser assim sumariadas:[254]

- a exigência do direito comum (art. 159 do CC/16)[255] de demonstração de culpa, na prática, blindava o fornecedor con-

[254] Baseado em elenco elaborado por Almeida (1993:78-79).
[255] "Aquele que, por ação ou omissão voluntária, negligência, ou imprudência, violar direito, ou causar prejuízo a outrem, fica obrigado a reparar o dano."

tra qualquer pleito indenizatório pela colocação no mercado de produtos potencialmente danosos; isso levou o CDC a adotar o sistema de responsabilização fundado no risco, com o acolhimento do processo técnico de inversão do ônus da prova em determinadas circunstâncias;

- a estrutura do direito comum ligava necessariamente o dano ao agente causador, a quem incumbia a responsabilidade de reparação. Nas relações de consumo, ao revés, o dano não é causado pela pessoa do fornecedor, seu empregado ou agente, e sim pelo próprio produto ou serviço, donde a necessidade de estender a cadeia de responsabilidade até o fornecedor originário, ampliando, conseqüentemente, a margem de manobra do consumidor;
- os prazos curtíssimos de prescrição e decadência, contados a partir da tradição da coisa (art. 178, §§2º e 5º, IV, do CC/16),[256] limitavam a ação do consumidor nas reclamações por vícios redibitórios, as quais, aliás, não abrangiam os serviços e somente alcançavam os vícios ocultos, deixando ao largo de proteção os vícios aparentes e de fácil constatação. No regime do CDC (art. 26), existe também a vantagem de que os prazos, além de mais longos,[257] são obstados pela simples interpelação do fornecedor. Não se faz distinção entre vícios aparentes ou ocultos no CDC para efeito de reparação, apenas para fins de cômputo do termo inicial para fluência do prazo decadencial;

---

[256] "§2º. Em 15 dias, contados da tradição da coisa, a ação para haver abatimento do preço da coisa móvel, recebida com vício redibitório, ou para rescindir o contrato e reaver o preço pago, mais perdas e danos. (...) §5º. Em seis meses: IV — A ação para haver o abatimento do preço da coisa imóvel, recebida com vício redibitório, ou para rescindir o contrato comutativo, e haver o preço pago, mais perdas e danos, contado o prazo da tradição da coisa."

[257] A única exceção reside no prazo estipulado para os bens imóveis (que na tipologia do CDC podem ser enquadrados nos bens duráveis), o qual foi reduzido sensivelmente de seis para três meses, conforme salienta Lôbo (1995:167).

- na responsabilidade por vícios redibitórios do CC/16 não havia soluções outras que não a redibição (*ex empto*) ou o abatimento proporcional do preço (*quanti minoris*). O CDC, ao lado dessas alternativas, apresentou também, a critério do consumidor, a complementação do peso e medida (vício de quantidade) e a substituição do produto por outro de mesma espécie, garantindo ainda as perdas e danos nos casos de redibição, independentemente da boa ou má-fé do fornecedor, ao passo que o CC/16 só admitia perdas e danos em caso de má-fé comprovada;
- o CDC abre caminho para a desconsideração da personalidade jurídica do fornecedor pessoa jurídica nas hipóteses de abuso de direito, excesso de poder, fato ou ato ilícito, violação de estatutos ou contrato social, falência, insolvência, encerramento ou inatividade provocados por má administração.[258]

O CDC inaugurou, por conseguinte, o sistema da responsabilidade objetiva — não absoluta, porém[259] — para as relações de consumo, assentado em dois modelos de distinta regulamentação que se singularizam pela origem do dano provocado, podendo ser:

- responsabilidade por *vícios* de quantidade ou qualidade dos produtos ou serviços;
- responsabilidade pelo *fato* do produto/serviço, nos casos de *danos* causados ao consumidor, os ditos *acidentes de consumo*.[260]

---

[258] Coelho 1994:115.
[259] A responsabilidade objetiva do CDC não se confunde com a responsabilidade objetiva fundada no risco integral, pois não dispensa a existência do nexo de causalidade entre o vício ou defeito e o dano.
[260] Denari et al., 2001:157.

A responsabilidade pelo vício do produto/serviço

Fundamentos e requisitos

Como já se fixou linhas atrás, o vício se configura quando a função do produto ou do serviço, natural ou atribuída, não se realiza plenamente, em prejuízo do destinatário. Assim, em geral, podem-se enumerar os seguintes requisitos da responsabilidade por vício na ótica do CDC:

- a aquisição de produto colocado no mercado de consumo, de fabricante ou vendedor, ou a contratação de serviço;
- a tradição da coisa ou conclusão do serviço, imprescindíveis para o cômputo dos prazos preclusivos no caso de vícios aparentes;
- a ocorrência de vício de qualidade ou quantidade que comprometa a funcionalidade do produto/serviço ou que lhe diminua o valor;
- a preexistência ou contemporaneidade do vício à entrega da coisa (ou à prestação do serviço), ou seu surgimento dentro do período de garantia contratual, ressaltando-se ainda que todos os vícios, independentemente do seu grau de gravidade, são alcançados pela proteção legal;[261]
- que a reclamação acerca do vício ocorra dentro do prazo fixado em lei, ou seja, 30 dias para serviços e produtos não duráveis e 90 dias para serviços e produtos duráveis.

A exata medida do grande espectro de proteção que o CDC visou conferir ao consumidor em caso de vícios se extrai, por exemplo, da larga margem de ação que a lei lhe assegurou. Em

---

[261] Diverso é o entendimento de Lôbo (1996:105), para quem o vício pressupõe certa gravidade que deve estar caracterizada.

matéria de vícios de produtos, o sistema consagrado no CDC abstrai da pesquisa e da valoração do comportamento perigoso do fornecedor e da perfeita identificação de qual dos fornecedores (produtor, distribuidor, comerciante) deu causa ao surgimento do vício.

O CDC instituiu a solidariedade passiva de todos os sujeitos participantes das etapas que culminaram na colocação do produto no mercado, com o objetivo claro de alargar ao máximo as opções do consumidor no sentido de viabilizar a sua efetiva e integral reparação. O consumidor de um produto viciado poderá, conforme melhor lhe convier, escolher entre aqueles que tomaram parte da cadeia de produção, fabricação, distribuição, importação ou comercialização do produto viciado.[262]

O nexo causal na responsabilidade pelo vício do produto/serviço

Embora, à primeira vista, possa parecer desnecessário se cogitar de maiores investigações sobre o nexo causal no regime da responsabilidade por vício — haja vista que este, por sua própria natureza, deve ser intrínseco ao produto/serviço (*in re ipsa*) —, parte da doutrina especializada[263] defende que existem, sim, fatores que afastam do fornecedor a responsabilidade de reparar supostos vícios de produtos/serviços. Conquanto não haja consenso a esse respeito, em geral, para essa classe de doutrinadores, a exoneração de responsabilidade se dá, alternativamente, mediante:

---

[262] Bertoldi, 1994:133. As únicas exceções a essa regra são o produto *in natura*, pelo qual respondem o fornecedor imediato, salvo seja perfeitamente identificado o produtor e devidamente comprovado que este último deu causa ao vício (art. 18, §5º, do CDC), e o fornecedor imediato que realizar pesagem ou medição com instrumentos fora dos padrões oficiais (art. 19, §2º, do CDC).

[263] Almeida, 1993:98; Bertoldi, 1994:140-141; Lisboa, 2001: 265-270.

- prova de que não é fabricante, produtor, construtor, importador, comerciante ou incorporador do produto, enfim, de que não colocou o produto no mercado ou não prestou o serviço;
- prova de que o vício inexiste, embora reconhecendo a colocação do produto no mercado ou a prestação do serviço;
- demonstração de decadência, isto é, decurso do prazo para interpelação do fornecedor, sem que tal providência seja tomada, ou ainda comprovação do término da garantia contratual;
- fato exclusivo do consumidor ou de terceiro alheio à cadeia de produção/distribuição/comercialização do produto;
- caso fortuito ou força maior.

Em todos esses casos, advirta-se, desde já, que a experiência forense demonstra que a adoção ampla da inversão do ônus da prova no mais das vezes transferirá ao fornecedor o fardo de comprovar as causas eximentes de sua responsabilidade, seja pela exclusão do vício ou do nexo causal. A relevância da inversão do *onus probandi* será objeto de item próprio na seqüência.

A clara adoção de solidariedade passiva, aliada à inversão do ônus da prova, eliminou o problema da concausa por fatos atinentes a membros da cadeia produtiva para efeitos de reparação da vítima por vício. Eventual discussão nesse sentido só poderá ser travada na relação interna entre os fornecedores na via de regresso, regida pelo direito comum e sob o regime da responsabilidade subjetiva, vale dizer, fundada na culpa.

A responsabilidade pelo fato do produto/serviço

Há uma universalidade de pessoas que podem ser atingidas pelo defeito do produto/serviço e que por isso estariam aptas a ingressar com pedido de reparação. Portanto, não só aquele que adquire o produto, mas todos os que foram prejudicados e atingidos também poderiam pleitear esse direito.[264] Seria o chamado *bystander*, ou seja, pessoas naturais ou jurídicas que, mesmo sem participarem diretamente na relação de consumo, foram de alguma forma atingidas.[265]

A responsabilidade pelo fato do produto ou do serviço é a aquela que deriva da ocorrência de defeitos que, em cotejo com os vícios, têm natureza mais grave, na medida em que são capazes de gerar danos à saúde ou à segurança do consumidor,[266] ultrapassando o próprio produto ou serviço. São os chamados *acidentes de consumo*, que pressupõem, pois, mais do que um mero vício, com a produção de danos externos (arts. 12 e 17 do CDC).

Bem se vê que o requisito essencial da responsabilidade do fornecedor é, portanto, que o produto ou serviço seja defeituoso. Rocha (2000:95), a propósito, esclarece que a noção de defeituosidade está indissoluvelmente vinculada à expectativa gerada no consumidor.[267] Afirma-se que o produto/serviço é defeituoso quando ele é mais perigoso para o consumidor ou usuário do que legítima ou razoavelmente se poderia esperar (arts. 12, §1º, e 14, §1º, do CDC), ou seja, a noção de defeito legal (art.12, §1º) não é a de produto em si viciado, mas sim, de modo muito mais amplo, de produto que não atenda às expectativas legítimas do consumidor ou às exigências de aperfeiçoamento buscadas por lei. "Mercadoria em si mesma perfeita, sob o ponto de vista estático, deve ser considerada defeituosa,

---

[264] Consumidor — Interesses ou direitos difusos — Ação civil para declaração de responsabilidade de produtoras de cigarros — Danos para a existência e para a própria vida — Exigência de advertência sobre a relação entre nicotina e dependência — Concessão pelo juiz de inversão do ônus da prova — Possibilidade, no caso — Código de Defesa do Consumidor, art. 82, §1º (TJSP — AI 14.305-5 — São Paulo — 4ª Câmara de Direito Público — 5-9-1996.

[265] Venosa, 2004:206.

[266] Nessa linha de raciocínio, ver Marins (1993:110).

[267] Guilherme Couto de Castro (1997:77) ressalta que, no direito norte-americano, a própria existência de defeito seria a confirmação da culpa, do erro de conduta.

por não atender à segurança plausível para os riscos a que dará ensejo."[268]

A responsabilidade por fato do produto ou do serviço é, pois, o consectário do *princípio da segurança*, positivado ainda expressamente no *caput* do art. 8º do CDC, o qual dispõe que os produtos e serviços colocados no mercado de consumo não acarretarão riscos à saúde ou segurança dos consumidores.

Guilherme Couto de Castro (1997) ilustra com extrema clareza este ponto: um motorista habituado a trocar seu carro, anualmente, sempre pelo mesmo modelo, já com seu novo veículo, utiliza o sistema de frenagem. No entanto, este não se mostra eficaz como nos modelos anteriores aos quais o motorista estava habituado, e seu veículo vem a colidir. Ou seja, a empresa utilizou freios menos eficazes, no intuito de baratear o preço final do produto, sem contudo advertir o comprador para essa mudança.

Conforme ressaltamos, do ponto de vista estático, o veículo está em perfeitas condições, assim como seus freios, que são considerados muito bons no mercado.

Mas houve frustração de expectativa em relação ao consumidor, o que ocasionou um acidente de consumo, pois o motorista estava confiante na excelência dos freios daquele modelo de veículo, ao qual estava acostumado.

No entanto, se o mesmo motorista viesse a comprar um tipo de veículo mais modesto, com o mesmo sistema de frenagem em questão, não se configuraria qualquer defeito, pois a expectativa seria outra.[269]

---

[268] Castro, 1997:78.

[269] A esse respeito, ressalta Charles Cantu (1993:334): "*the most common methods for determining reasonable expectations are by reference to product usage, product characteristics and the manufacture's advertisements*".

Nesse sentido, há ainda um importante aspecto a ser ressaltado: a informação. O ônus de prestar as informações necessárias para que se evite um acidente de consumo será, por via de regra, do fornecedor. Portanto, a falta de informação ou apenas sua insuficiência já constitui um produto defeituoso.

O defeito na prestação de serviços muito se assemelha ao defeito do produto, mas cabem aqui algumas considerações: o art. 14 do CDC exalta as hipóteses de responsabilidade:

- em caso de insuficiência ou inadequação de informação;
- quando o serviço não fornece segurança quanto ao seu: I — modo de funcionamento; II — resultado e riscos esperados; III — a época em que foi fornecido.

No entanto, quando estará configurado o defeito do serviço? Quando este se configurar um defeito legal. Vejamos: se um ônibus, no Rio de Janeiro, foi apedrejado por vândalos, e uma das pedras veio a ferir um dos passageiros, houve defeito na prestação de serviço? Depende: se foram tomadas todas as medidas cabíveis para a prevenção de tal ocorrência — por exemplo, utilização de material reforçado em suas paredes, vidros especiais, limite de passageiros respeitado, a fim de facilitar uma saída emergencial —, presume-se que não. Já se não foram tomadas quaisquer medidas de prevenção, se o número de passageiros estava acima do limite, tudo leva a crer que sim.[270]

Como já se adiantou em tópicos precedentes, a responsabilidade pelo fato do produto ou do serviço se aperfeiçoa mediante o concurso de três pressupostos:[271]

- o defeito do produto ou do serviço;
- o dano;
- a relação de causalidade entre o defeito e o dano.

---

[270] Apelação Cível nº 4.4475/94.
[271] Denari et al., 2001:157.

A idéia de defeito expressa um conceito vago, que deve ser valorado e preenchido pelo aplicador do direito no caso concreto. A noção de segurança exigida dos produtos ou serviços oferecidos, todavia, não deve ser aferida em nível individual, mas deve refletir a expectativa média do público-alvo do produto ou do serviço.[272]

Diversamente do que ocorre em regra na responsabilidade pelo vício, a responsabilidade pelo fato do produto merece recair, preferencialmente, sobre os ombros do fornecedor indireto ou mediato, usualmente quem deu causa ao defeito de onde o dano se originou. Se, no entanto, a par do fornecedor mediato, o fornecedor imediato também concorrer para a causação do dano, a norma jurídica do art. 7º, parágrafo único, do CDC impõe a responsabilidade solidária dos co-causadores.

Em outra hipótese, o fornecedor imediato também responde, desta feita em caráter subsidiário, pela impossibilidade parcial ou total de identificação do fornecedor mediato. Conquanto não tenha participado do processo de fabricação ou produção, o fornecedor imediato se apresenta como responsável pela aposição no produto de seu nome, marca ou outro sinal distintivo.[273] A responsabilidade direta dessa espécie de fornecedor se justifica pela teoria da aparência e pelo princípio da boa-fé objetiva, uma vez que ao fornecedor imediato caberia prestar ao consumidor as informações relevantes sobre a origem do produto. Outra hipótese em que o fornecedor imediato responde diretamente é quando se verifica o perecimento do produto por falta de conservação adequada.

---

[272] Alvim, 1995:136.
[273] Rocha, 2000:75.

A responsabilidade solidária e subsidiária no CDC

Normalmente, nas relações tipicamente civis, quando alguém contrata a obrigação de uma única coisa para com várias pessoas, cada uma delas para as quais se contratou só é credora dessa coisa por sua parte, mas poderá, excepcionalmente, ser contratada pelo total para com cada uma delas, quando essa é a intenção das partes; de maneira que cada uma das pessoas para com quem a obrigação foi contratada é credora pelo total, porém o pagamento feito a uma delas exonera o devedor para com todas. Isso se chama solidariedade da obrigação.[274]

No direito civil brasileiro, a solidariedade nunca se presume (art. 265 do NCC, *caput*), resultando da lei ou da vontade das partes, ao contrário do que acontece em outras legislações, como, por exemplo, o direito alemão (BGB, art. 427) e o direito italiano (art. 1.294 do Código Civil italiano).

Se, portanto, a solidariedade é fenômeno excepcional nas relações regidas pelo NCC, o mesmo não ocorre nas relações de consumo, pois o CDC prevê várias hipóteses de responsabilidade civil solidária. Em se tratando especificamente de solidariedade passiva,[275] no âmbito do mercado de consumo, há regras próprias que decorrem do direito-comando previsto no parágrafo único do art. 7º do CDC,[276] que reza: "tendo mais de um autor a ofensa, todos responderão solidariamente pela reparação dos danos previstos nas normas de consumo".

A hipótese em exame cuida claramente da responsabilidade concorrente idêntica à já consagrada pelo NCC, pela qual, se mais de um fornecedor tiver concorrido para a causação do

---

[274] Pothier, 2001:209.

[275] Quanto ao pólo onde exista a pluralidade de sujeitos, a solidariedade é usualmente classificada em ativa, passiva e mista. Ver Wald, 2000:68 e segs.

[276] Moraes, 1992:34.

dano, a responsabilidade civil pelo prejuízo moral puro ou cumulado com o dano patrimonial recairá sobre todos eles, segundo sua participação no evento.[277]

Como o artigo transcrito se insere no capítulo III do CDC, sob a epígrafe "Dos direitos básicos do consumidor", resta indubitável que o CDC contempla a solidariedade passiva como um direito do consumidor, devendo o autor da ofensa — um, mais de um ou todos — responder pela reparação do dano em toda sua extensão ou em parte.[278] A mesma regra de solidariedade é ratificada no art. 25, §1º, o qual determina que, "havendo mais de um responsável pela causação do dano, todos responderão solidariamente pela reparação prevista nesta e nas seções anteriores".[279]

Além da responsabilidade solidária dos co-causadores prevista nos mencionados preceitos, cuja identidade ao direito civil não as reveste de maiores dificuldades teóricas, o CDC vislumbra ainda outras hipóteses de solidariedade.

Há solidariedade passiva nos seguintes casos: na responsabilidade por vício do produto ou do serviço (arts. 18, *caput*, e 19, *caput*); na responsabilidade prevista no art. 25, §2º; e na desconsideração da personalidade jurídica (art. 28, §3º) e na oferta (art. 34). Todos esses casos serão pormenorizadamente explicitados na seqüência.

A responsabilidade subsidiária (do comerciante), a seu turno, ocorre no caso da responsabilidade pelo fato do produto, nos exatos termos dos incisos do art. 13 do CDC.

---

[277] Lisboa, 2001:240.

[278] Moraes, 1992:54.

[279] Denari (2001:195), comentando o dispositivo em questão, aduz: "o §1º reafirma a solidariedade passiva de todos aqueles que, de qualquer modo, concorreram para a causação do dano". Ainda sobre o dispositivo, Strenger (1992:90) pondera: "este artigo estabelece, no §1º, que a existência de mais de um responsável pela causação do dano gera a responsabilidade solidária pela reparação, o que também é repetitivo, e já enunciado em outras partes do Código".

A solidariedade na responsabilidade pelo vício do produto/serviço

Os arts. 18 e 19 do CDC se inserem no Capítulo IV, seção III, que regula a responsabilidade por vício do produto e do serviço.

Vícios do produto/serviço, conforme explicitado, são aqueles cujos efeitos estão presos ao âmbito intrínseco da coisa[280] e que, por conseguinte, acarretam prejuízo econômico ao consumidor, causando-lhe um dano patrimonial.[281]

Os arts. 18 e 19 do CDC, *caput*, estabelecem a regra geral da responsabilidade solidária por vícios.

Importa ressaltar, inicialmente, que o termo "fornecedores" mencionado nos artigos já traz ínsita a idéia de que podem figurar no pólo passivo todos ou qualquer um dos personagens partícipes da colocação do produto no mercado.[282]

O CDC estabelece o direito de o consumidor exigir, a seu exclusivo arbítrio, perante qualquer dos fornecedores da cadeia de consumo,[283] uma das medidas mencionadas no tópico

---

[280] Denari et al., 2001:12.

[281] Lisboa 2001:193.

[282] Segundo o art. 3º do CDC, "fornecedor é toda pessoa física ou jurídica, pública ou privada, nacional ou estrangeira, bem como os entes despersonalizados que desenvolvem atividades de produção, montagem, criação, construção, transformação, importação, exportação, distribuição ou comercialização de produtos ou prestação de serviços". Fornecedor imediato ou direto, cognominado pelo legislador de comerciante, é aquele que constitui diretamente a relação de consumo com o destinatário final dos produtos e serviços. O fornecedor imediato de serviços, isto é, o prestador de atividade remunerada lançada no mercado de consumo, responde objetivamente pelos danos ao consumidor, exceto quando se tratar de profissional liberal, hipótese na qual caberá, em regra, a responsabilidade subjetiva por danos morais (Lisboa, 2001:13 e 134). Fábio Coelho (1994:95), citando lição de Vasconcellos e Benjamin, anota que o comerciante é denominado fornecedor aparente.

[283] Afirma Queiroz (1998:111) que, "segundo a atual legislação, a proteção que vem proposta para os vícios do produto e do serviço — arts. 18 e segs. (...) — traz as seguintes características: não se faz necessária uma efetiva *relação contratual*, podendo a vítima reclamar em face de quem com ela certamente não contratou, mesmo porque existe uma responsabilidade *solidária* entre o fabricante, o intermediário e o comerci-

alusivo ao vício de quantidade do produto, a saber: a substituição do produto por outro da mesma espécie, marca ou modelo; a redibição, com a rejeição do produto e a obtenção do valor pago devidamente corrigido; a estimação, mediante o abatimento proporcional do preço; e a complementação do peso ou medida.[284]

Desse modo, no que concerne aos vícios do produto, o CDC coloca o comerciante em pé de igualdade com os demais fornecedores. A ele, no mais das vezes, o consumidor se dirigirá em primeiro lugar para exigir que o vício seja sanado no prazo máximo de 30 dias, sendo lícito às partes dilatarem esse prazo até o limite improrrogável de 180 dias.[285] Se ao comerciante, em primeira intenção, couber a reparação dos vícios de qualidade ou quantidade — nos termos previstos no §1º do art. 18[286] —, poderá exercitar ação regressiva contra o fabricante, produtor ou importador, no âmbito da relação interna que se instaura após o pagamento, com vistas à recomposição do *status quo ante*.[287] O fornecedor tem perante o consumidor responsabilidade objetiva, mas somente poderá demandar, em regresso, outro fornecedor com fundamento na verificação de culpa. Significa, outrossim, que não poderá pleitear a inversão de ônus probatório ou a superação do princípio da relatividade contratual (*privity of contract*).[288]

---

ante (distribuidor) que, por ser uma garantia (a solidariedade não deixa de sê-lo), facilita sobremaneira o alcance da pretensão do consumidor. Portanto foi eliminada a clássica dicotomia da responsabilidade, em contratual e extracontratual ou aquiliana, encontrando ambas o mesmo fundamento no Código de Defesa do Consumidor, quando advindas das relações de consumo".

[284] Lisboa 2001:202.

[285] Saad, 1991:167.

[286] "Não sendo o vício sanado no prazo máximo de 30 dias, pode o consumidor exigir, alternativamente e à sua escolha: I — a substituição do produto por outro da mesma espécie, em perfeitas condições de uso; II — a restituição imediata da quantia paga, monetariamente atualizada, sem prejuízo de eventuais perdas e danos; III — o abatimento proporcional do preço."

[287] Denari et al., 2001:181.

[288] Coelho, 1994:115-116.

O §5º do art. 18, que cuida dos produtos *in natura*,[289] constitui exceção à regra pela qual a responsabilidade pelo vício do produto é objetiva e solidária de todos os fornecedores integrantes da cadeia econômica. Isso porque a omissão de informação sobre a identidade do produtor acaba por limitar a extensão *ex lege*, impedindo, na prática, que o consumidor possa ajuizar a demanda que entender cabível em face do produtor.[290] Nessa hipótese, além de ser difícil ou impossível tal identificação, o produto corre o risco de se deteriorar nas prateleiras do comerciante. Por essa razão é que a responsabilidade por eventuais vícios de qualidade foi atribuída exclusivamente ao fornecedor imediato.

Outra hipótese na qual se mitiga a regra da solidariedade quando se têm vícios de produto/serviço é estipulada no §2º do art. 19, o qual dispõe que "O fornecedor imediato será responsável quando fizer a pesagem ou a medição e o instrumento utilizado não estiver aferido segundo os padrões oficiais".

A solidariedade no art. 25, §2º do CDC

O §2º do art. 25 cuida da dicotomia existente, nos produtos compostos, entre o **fabricante parcial** ou **de fase** e **fabricante final** conhecido como *assembler*.[291] Nestes casos, não

[289] Denari (2001) esclarece o significado do termo ao dizer: "as relações de consumo podem envolver, basicamente, dois tipos de produtos: industrializados ou *in natura*. (...) Entende-se por produto *in natura* o produto agrícola ou pastoril colocado no mercado de consumo sem sofrer qualquer processo de industrialização, muito embora possa ter sua constituição alterada em função da embalagem ou acondicionamento".

[290] Lisboa, 2001:203.

[291] É a chamada integração vertical, que compreende as hipóteses em que o produto final incorpora uma ou mais partes fabricadas por outra empresa. Desta difere a integração horizontal, a qual abrange os casos em que o produtor confia a outra empresa a fase de montagem, determinada etapa do processo de fabricação ou mesmo o controle de qualidade do produto.

se exige que o consumidor determine perfeitamente o ponto defeituoso, vale dizer, se o defeito está no produto-base ou no produto parcial, incorporado ao produto-base. Por se tratar de produtos compostos, a responsabilidade civil será do fabricante final ou *assembler* por ele controlar o processo produtivo integrado, não podendo eximir-se da obrigação de indenizar provando que o defeito era do produto incorporado ao produto final.

> Sendo o dano causado por um componente ou peça incorporada ao produto ou serviço, são responsáveis solidários seu fabricante, construtor ou importador, e o que realizou a incorporação.[292]

Já não é de hoje que as empresas tendem a utilizar o sistema de terceirização de produção, contratando de outras a produção de partes, o que não deve, em absoluto, dificultar a percepção de indenização por parte do consumidor, incentivando, de forma preventiva, controles rígidos de qualidade pelos fornecedores mediatos, porquanto são igualmente responsáveis.

Assim é que o fabricante de fase não poderá exonerar-se da responsabilidade demonstrando que o defeito da peça ou matéria-prima por ele fabricada existe devido à concepção do produto em que foi incorporado, ou às instruções dadas pelo fabricante final. Deverá indenizar a vítima e, posteriormente, exercer o direito de regresso contra o fabricante final, conforme estatui o parágrafo único do art. 13 do CDC.[293]

[292] Rocha, 2000:77.
[293] Rocha, 2000:78.

O dispositivo é muito elogiado pelos comentadores da norma, visto que sua previsão põe por terra eventual possibilidade de o fornecedor buscar caracterizar-se como terceiro, socorrendo-se da excludente estipulada no §3º do art. 12 do CDC.[294]

A responsabilidade subsidiária do comerciante pelo fato do produto

Conforme já fixado, a responsabilidade pelo fato do produto, disciplinada nos arts. 12 e seguintes do CDC, é aplicada no caso de ocorrerem danos à saúde ou à segurança do consumidor devido à introdução de algum produto defeituoso no mercado, caracterizando, com isso, o chamado acidente de consumo.[295]

Deflui do mencionado dispositivo a enumeração taxativa das espécies do gênero "fornecedor" (o fabricante, o produtor, o construtor nacional ou estrangeiro e o importador) que são responsáveis, extracontratualmente e independentemente da apuração da culpa, pela indenização devida em função do fato do produto.[296]

A doutrina costuma identificar três modalidades de responsáveis, quais sejam: o fornecedor ou produtor real (fabricante, produtor, construtor); o fornecedor ou produtor aparente (detentor do nome, marca ou signo aposto ao produto); e o fornecedor ou produtor presumido (importador e comerciante de produto anônimo).[297]

---

[294] "O fabricante, o construtor, o produtor ou o importador só não será responsabilizado quando provar: (...) III — a culpa exclusiva do consumidor ou de terceiro."
[295] Rocha, 2000:65.
[296] Marins, 1993:98.
[297] Seguem essa linha de raciocínio Benjamin (1991:56), Marins (1999:98) e Rocha (2000:75).

O fornecedor real é o realizador do produto, a pessoa física ou jurídica que sob a sua responsabilidade participa do processo de fabricação ou produção do produto acabado, de uma parte componente ou da matéria-prima.[298] Como já se viu, nos termos do art. 25, §2º, o fabricante de parte componente responde solidariamente com o fabricante do produto final, ainda que em determinadas hipóteses seguramente lhe seja ensejado o direito de regresso, como, por exemplo, quando puder imputar o defeito a erro de concepção do produto incorporado e na hipótese de o defeito verificado na parte componente se dar em virtude de instruções errôneas fornecidas pelo fabricante do produto final.[299]

O fornecedor aparente, embora não tenha participado do processo de fabricação ou produção, se apresenta como tal pela aposição no produto do seu nome, marca ou outro sinal distintivo.[300] A responsabilidade direta dessa espécie de fornecedor se justifica pela teoria da aparência, consoante informa Marins (1999:101).

O fabricante, o produtor, o construtor e o importador respondem pelos danos causados por fornecimento defeituoso de produtos. Na verdade, o fornecedor real ou presumido, demandado por defeituosidade do produto, deixará de ser responsabilizado se provar uma das hipóteses aventadas pelo art. 12,

---

[298] Rocha, 2000:75.

[299] Marins, 1999:100.

[300] Rocha, 2000:75. De acordo com o magistério de Calvão da Silva (1999:551), o conceito de fornecedor aparente engloba, sobretudo, os grandes distribuidores, os grossistas, as cadeias comerciais e as empresas de venda por correspondência que sob o seu próprio nome, firma ou marca oferecem e lançam no mercado produtos, principalmente artigos de grandes séries, quase sempre fabricados segundo as suas instruções por terceiros, que permanecem anônimos perante o público. É essa aparência, essa impressão de produção própria assim provocada que justifica e fundamenta a extensão do conceito de produtor a tais pessoas físicas ou jurídicas que, apresentando o produto como próprio, surgem aos olhos do consumidor nessa veste.

§3º, do CDC.[301] São elas: I — que não colocou o produto no mercado; II — que, embora haja colocado produto no mercado, o defeito inexiste; III — a culpa exclusiva do consumidor ou de terceiro. As hipóteses que excluem a responsabilidade dos fornecedores serão, contudo, examinadas detidamente mais adiante.

Assim, em regra, é o fornecedor o responsável pelo fato do produto ou serviço, pelo simples motivo de que o fabricante, o produtor, o construtor ou importador são os autores da colocação no mercado do produto defeituoso,[302] sendo natural, portanto, que assumam os riscos dessa conduta e arquem com os encargos decorrentes da reparação de danos das atividades que lhes são próprias, como projeto, fabricação, construção, montagem, manipulação ou acondicionamento, além daquelas decorrentes da insuficiência ou inadequação de informações sobre utilização e riscos dos produtos e serviços. Em todos os casos, a responsabilidade se mostra clara e evidente, haja vista o elo que liga o fornecedor ao produto ou serviço.[303]

O comerciante[304] é também responsável pelo dever de indenizar o consumidor pelos prejuízos causados por produtos

[301] Coelho, 1994:93.

[302] No mesmo sentido, aduz Comparato (1074:100): "a verdadeiro introdutor da coisa perigosa no mercado é o fabricante, e não o distribuidor. Sem dúvida este deve, em tese, verificar a qualidade das mercadorias que expõe à venda, mas a extrema complexidade, sob o aspecto técnico, de alguns produtos da indústria contemporânea torna essa verificação impossível a quem não seja especialista; qualidade que, em toda justiça, não pode ser exigida do distribuidor, sobretudo do distribuidor dos mais variados produtos em grandes estabelecimentos como lojas de departamentos, supermercados e drogarias. Ademais, a indústria moderna dos artigos de marca somente prospera quando apoiada numa publicidade maciça, lançada pelo próprio produtor, limitando-se o distribuidor, na melhor das hipóteses, a ser mero veículo de sua divulgação".

[303] Almeida, 1993:64.

[304] Fábio Coelho (1994:95) consigna que o conceito de comerciante no dispositivo em questão "abrange tanto o varejista como o atacadista, bastando à sua determinação que inexista qualquer atividade industrial ou manufatureira de sua parte na circulação econômica do bem".

defeituosos por ele comercializados. A responsabilidade do comerciante, entretanto, é especial e eventual, configurando-se apenas se estiverem presentes determinadas hipóteses fáticas previstas no art. 13 do CDC:[305]

> O comerciante é igualmente responsável, nos termos do artigo anterior, quando:
> I — o fabricante, o construtor, o produtor ou o importador não puderem ser identificados;
> II — o produto for fornecido sem identificação clara do seu fabricante, produtor, construtor ou importador;
> III — não conservar adequadamente os produtos perecíveis.

Cuida o aludido artigo das hipóteses legais de exceção à regra geral de exclusão de responsabilidade do comerciante pelo fato do produto, estabelecendo-se a responsabilidade do mesmo, na qualidade de *fornecedor presumido*, responsabilidade esta que se pode chamar de "supletiva" ou "subsidiária" da responsabilidade primitivamente imputada ao fabricante, construtor, produtor ou importador elencados no art. 12.[306]

A responsabilidade do comerciante é ora objetiva, ora subjetiva. É objetiva quando substitui a dos fornecedores reais ou presumidos, ou seja, ele responde independentemente de culpa, quando não se puderem identificar, com facilidade, o fabricante, o construtor, o produtor ou o importador do produto defeituoso. É o caso dos incisos I e II.[307] Nesse particular, Calvão

[305] Rocha, 2000:85.
[306] Marins, 1993:104. Bittar (2001:35) resume que o CDC prevê "a responsabilidade do comerciante quando não se tem mais a origem do produto, ou quando se torna difícil ou impossível (ou inócuo) acionar o fabricante".
[307] Coelho, 1994:96.

da Silva (1990:563) sustenta que "a responsabilidade objetiva do comerciante não terá lugar sempre que ele comunique a identidade solicitada ao lesado (ou ao seu mandatário), independentemente de este no caso concreto poder ou não obter da pessoa identificada a indenização a que tem direito".[308]

Por outro lado, é subjetiva a responsabilidade do comerciante se o dano tiver sido ocasionado por má conservação de produtos perecíveis. Nesse caso, o comerciante não tem responsabilidade substitutiva, porque indenizará o consumidor em razão de sua própria negligência no adequado armazenamento de produtos perecíveis.[309]

O consumidor que sofrer danos em virtude dessa modalidade específica de defeito de execução propõe ação contra o comerciante, devendo ser julgado carecedor se demandar os fornecedores reais ou presumidos, alegando má conservação do produto como fundamento de seu pedido. Mas se o consumidor ignorava a causa efetiva do defeito e ajuizou a ação contra o fabricante, imaginando tratar-se, por exemplo, de defeito

---

[308] Perfilha esse raciocínio Marins (1993:105), que assevera que "esta exegese nos parece acertada pois o inciso I não exige prévia identificação, mas *impossibilidade* de identificação.(...) Cremos, então, que o inc. II do art. 13 deva ser entendido no sentido de que somente será responsabilizado subsidiariamente o comerciante caso *não possa tornar clara a identificação originariamente obscura*, por ser exegese consentânea com o sistema de responsabilidade civil que ora se estuda". Em sentido contrário, Rocha (2000:87) adverte a injustiça nessa opção legislativa ao citar o seguinte exemplo: "Pense-se na insolvência ou desaparecimento do fabricante, produtor, importador ou fornecedor precedente. Os prejuízos seriam suportados pela vítima e o comerciante, que lucrou com a comercialização do produto, e que não teve o cuidado, ainda que mínimo, de verificar a qualidade dos produtos colocados à venda, estaria isento do dever de indenizar a vítima". Fábio Coelho (1994:96), por sua vez, considera irrelevante para o utente se o comerciante pode ou não lhe informar o fornecedor real ou presumido. Se o produto, em si, mesmo considerado, não possibilita a fácil identificação do fabricante, construtor, produtor ou importador, o comerciante irá responder, e objetivamente, pelos acidentes de consumo provocados por seus defeitos.

[309] Coelho, 1994:96.

de concepção, e no curso do processo ficou definido que o dano decorreu de má conservação, então, nesse caso em particular, o réu deve ser condenado e, em regresso, ressarcir-se perante o comerciante culpado pelo defeito.[310]

O parágrafo único do art. 13 determina que "aquele que efetivar o pagamento ao prejudicado poderá exercer o direito de regresso contra os demais responsáveis, segundo sua participação na causação do evento danoso".

Zelmo Denari (2001) observa que o referido dispositivo ressente-se de vício de localização, pois parece disciplinar exclusivamente o exercício do direito de regresso do comerciante que efetivou o pagamento contra os demais partícipes na causação do evento danoso. A interpretação sistemática do CDC induz a estender sua aplicação a todos os coobrigados do art. 12, *caput*, ou seja, disciplina o direito de regresso daquele que pagou a indenização contra os demais co-responsáveis na causação do evento danoso, na medida de sua participação nesse evento.

Prescrição e decadência nas relações de consumo

Pelo prisma topográfico, prescrição e decadência são disciplinados na seção VI, Capítulo IV ("Da qualidade de produtos e serviços, da prevenção e da reparação de danos"), Título I

[310] Coelho, 1994:97. Diversamente, Rocha (2000:90) sustenta que "a responsabilidade solidária estende-se também ao fabricante por danos causados ao consumidor por produtos perecíveis mal conservados pelo comerciante. Nessa hipótese o consumidor poderá optar entre acionar o fabricante ou o comerciante que conservou mal o produto. (...) O fabricante, nesse caso, não poderá alegar que o produto foi introduzido no mercado sem defeitos, pois por se tratar de produto perecível a sua responsabilidade recai, inclusive, sobre o modo de armazenamento e conservação do produto no estabelecimento comercial. O objetivo é forçar o fabricante de produto perecível a exercer eficaz controle sobre a cadeia de comerciantes, de modo a evitar a comercialização por estabelecimentos inadequados".

("Dos direitos do consumidor") da Lei nº 8.078/91 (Código de Defesa do Consumidor — CDC). Não repetiu, contudo, o erro do CC/16 de não distinguir os institutos, cuidando o CDC dos dois fenômenos em dispositivos apartados.

O art. 26 do CDC dita a regra da decadência nas relações de consumo. A prescrição é tratada no art. 27,[311] sendo ainda mencionada na seção V, Capítulo IV, onde se proíbe aos bancos de dados e cadastro de consumidores que forneçam informações sobre pretensão a cobrança de dívidas de consumidores se já consumada a prescrição.

Na disciplina imposta pelo CDC, a prescrição relaciona-se à responsabilidade pelo fato do produto, e a decadência liga-se à responsabilidade resultante de vícios do produto ou do serviço.

A prescrição na responsabilidade pelo fato do produto/serviço

A responsabilidade pelo fato do produto advém de um acontecimento externo que causa dano material ou moral ao consumidor, decorrente de um defeito de concepção, de produção ou de comercialização do produto/serviço.[312] São os acidentes de consumo que atingem a incolumidade físico-psíquica do consumidor. Dispõe o art. 27 do CDC:

> Prescreve em cinco anos a pretensão à reparação pelos danos causados por fato do produto ou do serviço prevista na seção II

[311] Denari (2001:207) é voz isolada na doutrina ao defender que o art. 27 do CDC versa sobre decadência, e não sobre prescrição, uma vez que "trata do perecimento de direitos subjetivos em via de constituição".

[312] Cavalieri Filho, 2007:473.

deste capítulo, iniciando-se a contagem do prazo a partir do conhecimento do dano e de sua autoria.
Parágrafo único — (vetado).

De início, nota-se que o CDC alinha-se à doutrina germânica, mais tarde abraçada pelo NCC, que prevê que a prescrição atinge a *pretensão*, e não a ação nem o direito.

O termo inicial do prazo prescricional

O termo inicial do prazo prescricional nasce da conjugação de dois fatores: o conhecimento efetivo, pelo consumidor, da ocorrência do dano e de sua autoria. Ou seja, o prazo qüinqüenal somente começa a fluir a partir do momento em que o consumidor tenha efetivo conhecimento de que foi vítima de um acidente de consumo e de quem foi o autor do dano.[313]

Nem sempre é claro identificar com exatidão a causa direta de danos provocados por produtos, enquanto, outras vezes, os danos demoram a serem produzidos. Outras vezes, ainda, não é fácil perceber que se está sendo vítima de um dano.

Causas obstativas do prazo prescricional e natureza do bem de consumo danoso

Não há na lei previsão de causas impeditivas, interruptivas e suspensivas da prescrição. O teor do parágrafo único do art. 27, prevendo a interrupção, foi vetado. De qualquer modo, é aplicável aqui a disciplina do NCC sobre a matéria, especialmente quanto às causas interruptivas.[314] Zelmo Denari (2001:207)

[313] Sanseverino, 2000:257.
[314] Facchin, 1992:101. Ver também Cavalieri Filho (2007:497); Benjamin (1991:138).

é da avançada opinião de que devem ser desconsideradas as razões do veto presidencial, porquanto baseado em erro material ao remeter ao §1º do art. 26, em lugar do §2º, onde estão corretamente dispostas as causas obstativas do prazo decadencial.

Vasconcellos e Benjamin (1991:138) aduz que o CDC não faz qualquer distinção quanto à natureza do bem de consumo ou do serviço que deu origem ao dano.

Perda do prazo prescricional pelo consumidor

Questão de grande relevância prática reside na hipótese de perda do prazo por parte do consumidor, ou seja, quando este formula pretensão indenizatória após o qüinqüídio estabelecido pelo art. 26 do CDC. Indaga-se: poderia ou não o consumidor se valer de ação com suporte no direito comum, vale dizer, CC/16 ou NCC, sabendo-se que esses diplomas fixam prazos mais largos para tal exercício? A resposta torna-se ainda mais difícil se lembrarmos que o art. 1º do CDC determina serem as suas normas de ordem pública, logo, inderrogáveis pela vontade das partes.

Embora existam julgados aplicando a prescrição quando consumada, nos termos do art. 27, e assim afastando a aplicação do direito comum, há em doutrina e na jurisprudência partidários de que se utilize o Código Civil em vigor quando da relação (CC/16 ou NCC).

A solução, discorre Sanseverino (2000:262), está no *caput* do art. 7º do CDC, que funcionaria como uma cláusula geral de integração intersistemática, determinando a aplicação da norma mais favorável ao consumidor, podendo esta ser buscada no direito internacional ou no direito interno, ou ser identificada pelos modos consagrados de integração do ordenamento jurídico (analogia, costumes e princípios gerais do direito). Ainda segundo Sanseverino (2000:257), "o art. 7º do CDC deixa clara a intenção do legislador de que o microssistema normativo instituído pela Lei nº 8.078/90 não seja fator de limitação, mas de ampliação dos direitos do consumidor".

Se, entretanto, o evento tiver ocorrido sob a égide do CC/16, ao consumidor competirá, inclusive, a comprovação da existência de culpa do agente demandado a quem atribui responsabilidade pela causação dos danos.

O PRAZO PRESCRICIONAL DA AÇÃO REGRESSIVA

O CDC silencia sobre o prazo para exercício da pretensão de cunho regressivo pelo fornecedor responsável solidário que efetuar o pagamento de indenização, a teor do parágrafo único do seu art. 13. Qual o prazo para o exercício do direito de regresso: o qüinqüenal do CDC, art. 27, ou o vintenário do CC/16 (ou o decenal do NCC, se ocorrido quando já em vigor)?

Ante a omissão do CDC, Ferreira da Rocha (2000:115) entende que deve prevalecer o prazo do art. 27 do CDC, ou seja, cinco anos. Diverge do insigne autor Sanseverino (2000:263), para quem a discussão a ser travada na relação interna entre os fornecedores pressupõe equilíbrio entre as partes. Daí reger-se pela responsabilidade fundada na culpa e se lhe aplicar a regra geral da prescrição para as ações pessoais assentada no diploma civil aplicável, CC/16 ou NCC.

Casos de prescrição da pretensão consumerista regulados pelo NCC

O CDC fixa em cinco anos um único prazo geral de prescrição para os fatos do produto. Com a entrada em vigor do NCC em meados de janeiro de 2002, algumas relações tipicamente de consumo, todavia, foram objeto de disciplina pelo novel diploma das relações civis no que se refere ao prazo prescricional. O NCC, a exemplo do que já fazia o CC/16, estipulou novos prazos prescricionais para três serviços genuinamente de consumo, a saber: o serviço de seguro; o serviço prestado por profissionais liberais; e o serviço de hotelaria e alimentação.

A decadência na responsabilidade pelo vício do produto/serviço

O instituto da decadência no CDC está vinculado aos vícios do produto e do serviço. Como já assentado anteriormente, o vício acarreta um prejuízo econômico ao consumidor, pois este acaba adquirindo um produto ou serviço que não lhe concede a adequação que ordinariamente dele se poderia esperar, causando-lhe um dano patrimonial.[315]

Prazos decadenciais

Em matéria de decadência, o regime codificado procurou dar tratamento mais favorável aos consumidores, por considerar que o CC/16 não protegia suficientemente os seus interesses, em razão da exigüidade dos prazos e do termo inicial deles. Os prazos de 15 dias e de seis meses, se móveis ou imóveis, contados a partir da tradição da coisa (CC/16, art. 178, §§2º e 5º, IV), passaram a ser de 30 e 90 dias, conforme se trate de produto ou serviço não-durável ou durável, respectivamente:[316]

> Art. 26. O direito de reclamar pelos vícios aparentes ou de fácil constatação caduca em:

---

[315] Lisboa, 2000:193.
[316] Almeida, 1993:75.

> I — 30 dias, tratando-se de fornecimento de serviço e de produto não duráveis;
> II — 90 dias, tratando-se de fornecimento de serviço e de produto duráveis.
> §1º Inicia-se a contagem do prazo decadencial a partir da entrega efetiva do produto ou do término da execução dos serviços.
> §2º Obstam a decadência:
> I — a reclamação comprovadamente formulada pelo consumidor perante o fornecedor de produtos e serviços até a resposta negativa correspondente, que deve ser transmitida de forma inequívoca;
> II — (vetado);
> III — a instauração de inquérito civil, até seu encerramento.
> §3º Tratando-se de vício oculto, o prazo decadencial inicia-se no momento em que ficar evidenciado o defeito.

Vasconcellos e Benjamin (1991:130) explica que o critério adotado pelo CDC é muito mais consentâneo com a realidade da sociedade de consumo. Para o co-autor do anteprojeto do CDC, "os bens imobiliários perdem, a cada dia que passa, a aura, quase divina, que informou o legislador no início do século". A título de exemplo, sugere a seguinte comparação: "o que é de mais difícil apreensão: um computador pessoal ou uma gleba de terra destituída de qualquer benfeitoria? Eis a razão por que não mais se justifica que, em termos de vícios redibitórios (agora vícios de quantidade e qualidade), o imóvel tenha prazo para alegação de seis meses, enquanto o móvel tenha apenas 15 dias".

Para os bens não-duráveis, portanto, o prazo é de 30 dias, e para os duráveis foi fixado o prazo de 90 dias.

Ambos os prazos antes referidos começam a fluir a partir da *entrega efetiva* do produto ou do término da execução dos serviços. Utilizando a expressão "entrega efetiva", percebe-se o intento do legislador de acentuar que a tradição do bem seja consumada, isto é, que o consumidor tenha, realmente, recebido o produto.[317]

Assim sendo, o que vale não é, por exemplo, o dia em que o produto foi remetido ao consumidor, nem a data em que lhe foram entregues módulos ou componentes do produto, porquanto o que importa é o recebimento do produto, na sua integralidade. Do mesmo modo, não importa a data em que o consumidor notou a imperfeição do serviço se a sua execução ainda não se ultimara, uma vez que esta é a data que deve ser considerada para início de contagem do prazo.

A opção legislativa leva, pois, em conta a idéia central do decurso do prazo decadencial: a passividade do consumidor.[318] Embora elogiável, a caracterização *in concreto* da efetiva entrega poderá conduzir a abusividades por parte do consumidor em relação ao início da contagem do prazo decadencial. Desse modo, a doutrina e a jurisprudência deverão avaliar o instante de entrega efetiva do produto caso a caso, conciliando os princípios protetivos dos consumidores.

O prazo de 30 ou 90 dias é para *reclamar*, e não para *ajuizar* a ação. Isto é, não se exige que o consumidor, impreterivelmente, proponha a ação cabível em 30 dias "a partir da entrega efetiva do produto ou do término da execução dos serviços". Faculta-se-lhe obstar esse prazo, diretamente (reclamação jun-

[317] Facchin, 1992:98-99.
[318] Ibid., p. 99.

to ao fornecedor) ou indiretamente (inquérito civil instaurado pelo Ministério Público).[319]

O prazo não difere em se tratando de vícios aparentes ou ocultos. Para estes últimos, todavia, a lei estipula que a contagem tenha início somente no momento em que fique evidenciado o vício.

Nesse ponto, previne Cavalieri Filho (2007:496), sem sombra de dúvida, enfrentará a Justiça certa dificuldade para verificar se o vício é de qualidade ou decorrente do desgaste normal do produto, mormente quando o defeito se apresentar muito tempo depois de sua aquisição. Não é toda imperfeição que configura o vício oculto. A questão deve ser encarada mediante a consideração da vida útil do bem colocado no mercado. Cláudia Lima Marques (1998:613) bem analisa a questão:

> Se se trata de videocassete, por exemplo, sua vida útil seria de oito anos aproximadamente; se o vício oculto se revela nos primeiros anos de uso, há descumprimento do dever legal de qualidade, há responsabilidade dos fornecedores para sanar o vício. Somente se o fornecedor conseguir provar que não há vício, ou que a sua causa foi alheia à atividade de produção como um todo, pois o produto não tinha vício quando foi entregue (ocorreu mau uso desmesurado ou caso fortuito posterior), verdadeira prova diabólica, conseguirá excepcionalmente se exonerar. Se o vício aparece no fim da vida útil do produto a garantia ainda existe, mas começa a esmorecer, porque se aproxima o fim natural da utilização deste, porque o produto atingiu já a sua durabilidade normal, porque o uso e o desgaste como que escondem a anterioridade ou não do vício, são causas alheias à relação de consumo que como se confundem com a agora reve-

[319] Benjamin, 1991:131.

lada inadequação do produto para seu uso normal. É a "morte" prevista para os bens de consumo.

Em outras palavras, caberá ao Judiciário verificar se o dever do fornecedor de qualidade (durabilidade e adequação) foi cumprido.

Óbices à decadência

O §2º do art. 26 do CDC criou causas obstativas da decadência: a reclamação comprovadamente formulada; e a instauração do inquérito civil. Cuida-se, como visto, de uma exceção à regra geral de que os prazos decadenciais são peremptórios, não se sujeitando a suspensões ou interrupções.

Luiz Edson Facchin (1992:101) esclarece que a expressão utilizada pelo CDC não é de suspensão, mas de interrupção, *in verbis*:

> Não se trata de suspensão nem de impedimento ao fluir o prazo, porque as hipóteses dos incisos I e III em análise não se fundam no *status* da pessoa nem na situação especial dos sujeitos envolvidos. São causas interruptivas.

Importante efeito da distinção é que a interrupção é oponível em relação a todos os devedores solidários, conforme preceitua o art. 204, §1º, do NCC.

Sobre a abrangência da locução "reclamação comprovadamente formulada pelo consumidor perante o fornecedor" também dissentem os autores. O STJ já teve oportunidade de se manifestar a respeito, concluindo que "não obsta a decadência a simples denúncia oferecida ao Procon, sem que se formule qualquer pretensão, e para a qual não há cogitar de resposta".[320]

A inversão do ônus da prova nas relações de consumo

Conforme se demonstrou, a prova do nexo causal entre os vícios/defeitos do produto e os danos porventura acarretados na esfera jurídica do consumidor é indispensável para a responsabilização do fornecedor. Além de sua função primária de ligação entre o defeito ou vício do produto/serviço e o dano, o nexo causal ainda desempenha o relevante papel de estabelecer um limite para os danos indenizáveis, uma vez que somente se indenizam os prejuízos que tenham efetivamente sido causados por vício ou defeito do produto/serviço.

Em geral, a prova do nexo causal, bem como dos demais elementos da responsabilidade civil no CDC, quais sejam, o dano e o defeito ou vício do produto/serviço, torna-se difícil, senão impossível, para o consumidor, que na maioria dos casos não possui condições mínimas de conhecer os meandros da produção ou do serviço prestado.

Quem, na prática, está dentro do processo produtivo é o produtor, que o organiza, selecionando todo o pessoal, o maquinismo e a matéria-prima; que procede à divisão vertical e horizontal do trabalho na combinação homem-máquina; e que instrui e controla os seus vários estágios, desde a concepção ou idealização até o lançamento do produto final no comércio, passando pelo seu fabrico e apresentação, ou *process marketing*.[321]

---

[320] REsp nº 65.498/SP, 3ª Turma; rel. min. Eduardo Ribeiro; julgado em 11-11-1996.
[321] Silva, 1999:395.

Nesse contexto, a regra geral do ônus da prova capitulada no art. 333, I, do CPC,[322] segundo a qual a prova incumbe a quem alega, interpunha-se como um implacável obstáculo às pretensões judiciais dos consumidores, reduzindo-lhes as chances de vitória e premiando a irresponsabilidade civil do fornecedor.[323]

Se de um lado essa dura realidade processual sintonizava com o quadro socioeconômico — para grande dificuldade da massa de consumidores —, de outro o cenário não se conformava com os princípios que norteavam o CDC, inspirado pelo objetivo de promover o reequilíbrio das relações de consumo, a fim de atingir uma igualdade material entre o consumidor e o fornecedor.

Assim é que o legislador consumerista presumiu o consumidor como uma figura por excelência vulnerável. Ao lado da vulnerabilidade, qualidade indissociável do consumidor brasileiro, o CDC estabelece ainda como princípio a hipossuficiência do consumidor, cujo conceito indeterminado deve ser considerado um *standard* jurídico, a ser preenchido pelo magistrado no caso concreto.[324] Para balancear tais desqualificativos, o CDC estipulou o direito básico de facilitação da defesa dos interesses do consumidor.

Como instrumento hábil a tornar factíveis tais princípios e inverter o panorama francamente desfavorável ao consumidor, previu-se a transferência ao fornecedor do ônus original de provar os fatos extintivos e modificativos do direito aduzido pelo consumidor, sob o fundamento de que somente aquele é dotado de meios técnicos para fornecer tais provas.

---

[322] "O ônus da prova incumbe: I — ao autor, quanto ao fato constitutivo do seu direito; II — ao réu, quanto à existência de fato impeditivo, modificativo ou extintivo do direito do autor. Parágrafo único. É nula a convenção que distribui de maneira diversa o ônus da prova quando: I — recair sobre direito indisponível da parte; II — tornar excessivamente difícil a uma parte o exercício do direito."

[323] Almeida, 1993.

[324] Ibid., p. 89.

A inversão do ônus da prova passou a operar-se, portanto, mediante a existência de dois pressupostos:

- *verossimilhança*, ou seja, a alegação feita há de parecer verdadeira. Não há necessidade de que ela seja verdadeira porque, então, sempre dependeria de ser confirmada pela prova, bastando a parecença com a verdade, a crença de que seja faticamente real.[325] "As presunções são as conseqüências que a lei ou o magistrado tira de um fato conhecido para chegar a um fato desconhecido."[326] Nesse sentido, discorre Washington de Barros Monteiro (1999:271): "a presunção *hominis*, ou presunção comum, não resulta da lei, fundando-se, porém, na experiência da vida, que permite ao juiz formar a própria convicção. Por exemplo, não é de se presumir que alguém, podendo evitá-lo, aceite prejuízo";
- *hipossuficiência* técnica do autor, que não se confunde com desvantagem econômica; trata-se de hipossuficiência em decorrência do seu menor conhecimento de questões técnicas, se comparado ao fornecedor, e deve servir de limitador do escopo da inversão do ônus da prova.

As excludentes de responsabilidade no CDC

As causas de exclusão de responsabilidade do fornecedor estão dispostas nos arts. 12, §3º, e 14, §3º, do CDC e consistem na não-colocação do produto no mercado; na inexistência do defeito; na culpa exclusiva do consumidor; e no fato de terceiro. Em todas essas hipóteses legais, o ônus probatório será do fornecedor, que deverá provar a existência de uma das excludentes previstas no CDC.

---

[325] Nascimento, 1991:127.
[326] Magalhães, 1976:31.

❑ Não-colocação do produto no mercado

O fornecedor só é responsável pelos danos causados por produtos que tenham sido introduzidos por ele no mercado. A colocação do produto no mercado ocorre quando, consciente e voluntariamente, o fornecedor lança o produto no mercado, momento em que perde o controle sobre o produto, devendo assumir os riscos de eventuais danos por ele causados.[327].

Ao provar que não colocou o produto no mercado, ainda que o tenha produzido, o fornecedor exonera-se da responsabilidade, uma vez que o lançamento no mercado de consumo ocorreu sem o seu consentimento. Rompe-se, assim, o nexo de causalidade entre o dano causado pelo produto e a atividade desempenhada pelo fornecedor.

Os exemplos mais claros dessa excludente são aqueles relacionados com o furto ou roubo de produtos defeituosos ou ainda em fase de teste que são estocados no estabelecimento e aqueles relacionados com a falsificação da marca.

❑ Inexistência de defeito

A segunda excludente que pode ser invocada pelos fornecedores é a inexistência do defeito — uma das mais importantes causas de exclusão de responsabilidade do fornecedor, estando prevista no art. 12, §3º, e no art. 14, §3º, do CDC.

Segundo Sanseverino (2000:229), "não basta que os danos sofridos pelo consumidor tenham sido causados por um determinado produto ou serviço. É fundamental, ainda, que esse produto ou serviço apresente um defeito que seja a causa dos prejuízos sofridos pelo consumidor".

---

[327] Sanseverino, 2000:265.

❑ Culpa exclusiva do consumidor

A responsabilidade objetiva do agente é excluída se a vítima agir, positiva ou negativamente, de forma a acarretar o dano, como conseqüência exclusiva da sua conduta.[328] Segundo José de Aguiar Dias,[329] a culpa exclusiva da vítima, como causa de isenção de responsabilidade, é constituída pelo "ato ou fato exclusivo da vítima pelo qual fica eliminada a causalidade em relação a terceiro interveniente no efeito danoso".

Cavalieri Filho (1997:432) diz que há culpa exclusiva da vítima "quando a sua conduta se erige em causa direta e determinante do evento, de modo a não ser possível apontar qualquer defeito no produto ou no serviço como fato ensejador da sua ocorrência".

O fato culposo do consumidor é uma excludente que atua diretamente no nexo de causalidade. A culpa exclusiva do consumidor quebra o nexo de causalidade entre o defeito e o dano, uma vez que a ocorrência do dano, embora tenha tido participação de um produto ou serviço, teve como causa adequada exclusiva a conduta culposa da vítima.

Roberto Senise Lisboa (2001:265) entende que a culpa exclusiva da vítima pode decorrer das seguintes hipóteses: a vítima aceita o risco da atividade, porém associa-se indevidamente a ela; ou, então, aceita o risco da atividade, no exercício de um direito ou de um dever.

A assunção do risco pelo consumidor exonera o fornecedor de reparar os danos. Isso ocorre quando o consumidor tem ciência da existência de um defeito no produto e insiste em usá-lo, como, por exemplo, um consumidor que, mesmo sa-

[328] Lisboa, 2001:265.
[329] Apud Sanseverino, 2000:233.

bendo que o seu automóvel está com problemas de freios, insiste em viajar com ele e acaba provocando grave acidente. Ou, ainda, quando o consumidor se associa ao risco da atividade, como, por exemplo, os "surfistas" de trem.

Discute-se, todavia, a responsabilidade do fornecedor nos casos de culpa concorrente do consumidor, uma vez que o CDC não elenca *numerus clausus* essa excludente. Grande parte dos autores considera incompatível a concorrência de culpa na responsabilidade objetiva.

A posição majoritária, defendida inclusive pelo STJ,[330] é de que a culpa concorrente do consumidor, embora não exima o fornecedor, permite a redução da condenação imposta.

❑ Culpa exclusiva de terceiro

A responsabilidade do fornecedor também é afastada pelo fato exclusivo de terceiro, ou seja, a atividade desenvolvida por determinada pessoa que, sem ter qualquer vínculo com a vítima ou com o causador aparente do dano, interfere no processo causal e provoca com exclusividade o evento lesivo.[331]

O termo "terceiro" abrange qualquer pessoa estranha à relação de consumo que se estabelece entre o fornecedor e o consumidor.[332] Assim, o comerciante, intermediário nessa relação, não se inclui no conceito de terceiro, uma vez que exerce "papel fundamental" na cadeia de consumo, no acesso do consumidor a determinado produto ou serviço.[333]

Em sentido contrário posiciona-se Zelmo Denari (2001:167), afirmando que o comerciante pode ser responsabilizado como

---

[330] REsp nº 287.849/SP; ministro relator: Ruy Rosado de Aguiar Jr. *RT*, v. 797, p. 226.
[331] Sanseverino, 2000:240.
[332] Ibid,. p. 242.
[333] Benjamin, 1991:66.

terceiro quando ficar demonstrada a exclusividade de sua culpa ou, ainda, quando ele for parte responsável em via subsidiária, nos termos do art. 13 do CDC.

O fato de terceiro incide diretamente sobre o nexo causal. A causalidade significa que o fato de terceiro deve ser a causa adequada do dano com exclusividade. Segunso Senise Lisboa (2001:268), "demonstrada a culpa de terceiro, isto é, do sujeito estranho à relação jurídica, o nexo de causalidade entre as partes somente se extinguirá se a violação do dever for integralmente imputada em desfavor daquele".

Assim, apenas o fato exclusivo de terceiro exclui a responsabilidade do fornecedor. A culpa concorrente de terceiro não exclui ou atenua a responsabilidade do fornecedor, estabelecendo apenas um regime de responsabilidade solidária entre eles perante a vítima, previsto no art. 7º do CDC. O consumidor poderá, portanto, optar contra quem irá demandar, cabendo à outra parte a via regressiva.

Outras possíveis causas de exclusão

A exegese literal desses dois dispositivos pode conduzir à idéia de que a defesa do fornecedor estaria restrita às hipóteses ali previstas.[334] Contudo, tal entendimento conduziria a soluções absurdas dentro do próprio sistema geral de responsabilidade civil, motivo pelo qual devem-se avaliar outras causas de exclusão que não as dispostas no CDC.[335]

Destaca-se a possibilidade de reconhecimento das causas de exclusão da responsabilidade do fornecedor que não estão

---

[334] Nery Júnior, 1992:56.
[335] Sanseverino, 2000:245.

elencadas no CDC, a saber: caso fortuito e força maior; e os riscos de desenvolvimento, que serão analisados a seguir.

❑ Caso fortuito e força maior

Apesar de não terem sido contempladas pelo CDC, essas causas tradicionais de exclusão de responsabilidade civil, as quais rompem o nexo de causalidade, são admitidas nas relações de consumo pela maioria dos doutrinadores pátrios. A caracterização de um fato como caso fortuito ou força maior decorre de dois elementos: a inevitabilidade do evento e a ausência de culpa. Dessa forma, o acontecimento pode até ser previsível, mas deve ser inevitável para gerar o efeito de quebrar o nexo de causalidade e liberar o agente da obrigação de reparar o dano. Além disso, esse evento deve ser a causa adequada dos danos sofridos pelo consumidor. Segundo Sanseverino (2000), independentemente da classificação e da distinção entre caso fortuito e força maior, o que importa para a verificação da existência ou não da excludente é exatamente o momento em que o fato incidiu no produto ou no serviço. Dessa forma, antes da colocação do bem no mercado, as conseqüências do fato, ainda que este fosse inevitável ou imprevisível, deveriam ter sido constatadas pelo fornecedor e, portanto, não poderiam ser consideradas como causas de exclusão. Por outro lado, depois da colocação do produto ou do serviço no mercado, o fato inevitável que for a causa adequada dos danos sofridos pelo consumidor rompe o nexo de causalidade e exclui a responsabilidade civil do fornecedor.

❑ Risco do desenvolvimento

O risco do desenvolvimento é aquele que não pode ser conhecido no momento da inserção do produto ou do serviço no mercado, só vindo a sê-lo posteriormente, em razão do desenvolvimento tecnológico.

Exemplo típico de risco de desenvolvimento são os danos causados por determinados medicamentos colocados no mercado e cuja composição, como posteriormente se constatou, em virtude do avanço tecnológico, na verdade apresentava malefícios aos pacientes, como foi o caso da talidomida. Esse medicamento, utilizado como calmante, quando ministrado em gestantes pode causar diversas complicações na criança, conforme foi depois constatado.

A questão referente à responsabilidade pelos riscos de desenvolvimento é bastante controvertida. Quem deverá arcar com tais riscos? O fornecedor, que colocou o produto no mercado, ou o consumidor?

James Marins (1993:135), em posição minoritária, apresenta opinião favorável no sentido de acolher os riscos de desenvolvimento no direito brasileiro, com fundamento nos arts. 10 e 12 do CDC. Sustenta que o risco de desenvolvimento não se trata de defeito de informação, tampouco de concepção ou de produção, motivo pelo qual não se pode falar em responsabilidade do fornecedor.

Por outro lado, Vasconcellos e Benjamin (1991:67) apóia o entendimento de que o risco de desenvolvimento insere-se no gênero de defeito de concepção, o qual decorre da insuficiência de informações sobre os riscos inerentes à adoção de uma determinada tecnologia.

Cavalieri Filho (2007:439) entende que os riscos de desenvolvimento devem ser enquadrados como caso fortuito interno, ou seja, risco integrante da atividade do fornecedor, razão pela qual não deve ser considerado como excludente de responsabilidade.

Eduardo Arruda Alvim (1995:148) conclui com extrema acuidade a questão da possibilidade de o risco do desenvolvi-

mento ser considerado fator de exclusão de responsabilidade, sintetizando o posicionamento da maioria de nossos doutrinadores ao afirmar que "o risco de desenvolvimento não exclui a responsabilidade civil pelo fato do produto pelas seguintes razões: a uma, porque tal excludente não consta do §3º do art. 12; a duas, porque o risco de desenvolvimento encarta-se no gênero maior: defeito de concepção, o que, por disposição legal expressa, enseja a responsabilidade do fornecedor (cf. *caput* do art. 12, o qual alude a defeitos decorrentes de projeto e fórmula); e, finalmente, porque, pelo sistema do Código, eventual ausência de culpa do fornecedor não é suficiente para eximi-lo de responsabilidade. Não é possível, segundo pensamos, que a idéia do risco de desenvolvimento confunda-se com aquela da inexistência do defeito, segundo querem alguns. Quando há risco de desenvolvimento, há defeito — de concepção —, só que desconhecido".

Cabe destacar, ainda, que o tema foi previsto na Diretiva 85/374/CEE, sendo, em regra, hipótese de exclusão de responsabilidade. Mas também nesse diploma não se adotou uma opinião única, e sim uma "solução de compromisso" segundo a qual os Estados-membros podem afastar tal excludente de responsabilidade. Em verdade, muitos países optaram pela exclusão de responsabilidade nessa hipótese, ao passo que alguns poucos, como Finlândia e Luxemburgo, responsabilizam o fornecedor. Já países como França, Alemanha e Espanha somente responsabilizam o fornecedor de alguns produtos.

O nosso CDC, vale recordar, silenciou a respeito, mas bem se pode sustentar a responsabilidade do fornecedor, sem qualquer distinção quanto ao produto, também na sistemática desse diploma. Tal responsabilidade pode ser limitada no tempo, aplicando-se, por exemplo, o prazo prescricional máximo previsto pelo Código Civil e que é de 10 anos (art. 205). Tal prazo deverá ser contado da introdução do produto no mercado. Isso evita a "eternização" da responsabilidade do fornecedor, facilitando, igualmente, a contratação de seguros por parte deste, o que também pode ser do interesse do consumidor.[336]

Questões de automonitoramento

1. Após ler este capítulo, procure resumir os casos geradores, identificando as partes envolvidas, os problemas atinentes e as possíveis soluções cabíveis.
2. Distinga a teoria do risco do empreendimento da teoria do risco do consumo, apontando qual das duas foi adotada pelo legislador brasileiro no CDC. Opine sobre essa opção
3. Quais os modelos de responsabilidade civil objetiva adotados pelo CDC? Enumere as principais características e distinções dessas categorias.
4. Considerando que a solidariedade jurídica não se presume, em que hipóteses podemos dizer que o código consumerista adotou esse tipo de responsabilidade? E em que outras hipóteses houve a mitigação desse conceito?
5. Você é capaz de apontar as diferenças entre as excludentes de responsabilidade da teoria geral do direito civil e as presentes no CDC?

[336] Calixto, 2004 e 2005.

Conclusão

Na medida em que a consciência jurídica da sociedade evolui e os cidadãos ampliam seu acesso à Justiça, seja através do Poder Judiciário, seja por meios alternativos de solução de conflitos, cresce a importância do estudo da responsabilidade civil.

O referido tema evoluiu em diversos campos, como, por exemplo, em relação ao seu fundamento (razão por que alguém deve ser obrigado a reparar um dano), baseando-se o dever de reparação não só na culpa, hipótese em que será subjetiva, como também no risco, caso em que passará a ser objetiva, ampliando-se a indenização de danos sem a existência de culpa.

O objetivo deste livro foi desenvolver discussões e estudos sobre a responsabilidade civil e suas diversas implicações, de modo a se concluir com mais segurança sobre a garantia da efetiva reparação, servindo inclusive como instrumento de preservação da cidadania.

Nossa intenção é contribuir para o fomento de estudos específicos e aprofundados sobre o tema, tarefa que deve ser cada vez mais estimulada no país, baseando-se na crença de que uma justiça mais eficiente também acarretará um direito mais efetivo.

Referências bibliográficas

AGUIAR JR., Ruy Rosado de. Responsabilidade civil do médico. *Revista Jurídica Notadez*, n. 231, p. 122-147, jan. 1997.

ALMEIDA, João Batista de. *A proteção jurídica do consumidor*. São Paulo: Saraiva, 1993.

ALONSO, Paulo Sérgio Gomes. *Pressupostos da responsabilidade civil objetiva*. São Paulo: Saraiva, 2000.

ALVES, José Carlos Moreira. *Direito romano*. Rio de Janeiro: Borsoi, 1965. v. 2.

ALVIM, Agostinho. *Da inexecução das obrigações e suas conseqüências*. 3. ed. Rio de Janeiro: Jurídica e Universitária, 1965.

ALVIM, Eduardo Arruda. Responsabilidade civil pelo fato do produto no Código de Defesa do Consumidor. *Revista de Direito do Consumidor*, v. 15, jul./set. 1995.

AMARAL NETO, Francisco dos Santos. Responsabilidade civil II. In: FRANÇA, Limongi (Coord.). *Enciclopédia Saraiva do direito*. São Paulo: Saraiva, 1977. p. 356.

_____. A autonomia privada como poder jurídico. In: BARROS, Hamilton de Moraes et al. *Estudos jurídicos em homenagem ao professor Caio Mário da Silva Pereira*. Rio de Janeiro: Forense, 1984.

ANDRADE, André Gustavo C. de. A inversão do ônus da prova no Código de Defesa do Consumidor — o momento em que se opera a inversão e outras questões. *RTDC*, v. 13, 2003.

AZEVEDO, Álvaro Villaça. Proposta de classificação da responsabilidade objetiva: pura e impura. Algumas hipóteses de responsabilidade civil no Código de Processo Civil. *Cadernos de Direito Constitucional e Ciência Política*, n. 14, p. 27-43, jan./mar. 1996.

AZEVEDO, Luiz Carlos de. Apontamentos sobre temas controvertidos a respeito da responsabilidade civil em acidentes de trânsito. *Revista do Advogado*, São Paulo, n. 44, p. 50-55, out. 1994.

BAPTISTA, Sílvio Neves. Ensaio sobre a teoria do fato danoso. *Revista de Direito Civil, Imobiliário, Agrário e Empresarial*, v. 18, n. 67, p. 51-57, 1994.

BARROS, Raimundo Gomes. Relação de causalidade e o dever de indenizar. *Revista do Direito do Consumidor*, n. 34, p. 135-145, abr./jun. 2000.

BECKER, Anelise. Elementos para uma teoria unitária da responsabilidade civil. *Revista de Direito do Consumidor*, n. 13, p. 42-55, 1995.

BENJAMIN, Antônio Herman de Vasconcellos e. *Comentários ao Código de Proteção e Defesa do Consumidor.* São Paulo: Saraiva, 1991.

BERTOLDI, Marcelo Marco. Responsabilidade contratual do fornecedor pelo vício do produto ou serviço. *Revista de Direito do Consumidor*, v. 10, 1994.

BEVILACQUA, Clóvis. *Código Civil dos Estados Unidos do Brasil comentado por Clóvis Bevilacqua*. 9. ed. Rio de Janeiro: Paulo de Azevedo, 1953. v. 4.

_____. *Teoria geral do direito civil*. 2. ed. Rio de Janeiro: Francisco Alves, 1980.

BITTAR, Carlos Alberto. *Curso de direito civil*. São Paulo: Forense Universitária, 1994. v. 1.

_____. *Responsabilidade civil:* teoria e prática. 4. ed. Rio de Janeiro: Forense Universitária, 2001.

BOITEUX, Fernando Netto. Liberdade e responsabilidade objetiva. *Revista Forense*, v. 299, 1987.

CALDEIRA, Mirella D'Angelo. Inversão do ônus da prova. *Revista do Direito do Consumidor*, v. 38, 2001.

CALIXTO, Marcelo Junqueira. *A responsabilidade civil do fornecedor de produtos pelos riscos do desenvolvimento*. Rio de Janeiro: Renovar, 2004.

_____. O art. 931 do Código Civil de 2002 e os riscos do desenvolvimento. *Revista Trimestral de Direito Civil*, v. 21, p. 53-93, jan./mar. 2005.

_____. *A culpa na responsabilidade civil:* estrutura e função. Rio de Janeiro: Renovar, 2007.

CAHALI, Yussef Said. Culpa. In: FRANÇA, R. Limongi (Coord.). *Enciclopédia Saraiva do direito*. São Paulo: Saraiva, 1977.

CANTU, Charles. Twenty-five years of strict product liability law: the transformation and present meaning of Section 402A. *St. Mary's Law Journal*, v. 25, 1993.

CAPECCHI, Marco. Il nesso di causalità: da elemento della fattispecie "fatto illecito" a criterio di limitazione del risarcimento del danno. In: *La monografie di contratto e impresa*. Padova: Cedam, 2002. (Série Diretta, n. 70).

CASTRO, Flávia de Almeida Viveiros de. O princípio da reparabilidade dos danos morais: análise de direito comparado em um corte horizontal e vertical no estudo dos ordenamentos jurídicos. *Revista de Direito Privado*, n. 15, p. 189-200, jul./set. 2003.

CASTRO, Guilherme Couto de. *A responsabilidade civil objetiva do direito brasileiro*. Rio de Janeiro: Forense, 1997.

CAVALIERI FILHO, Sérgio. *Programa de responsabilidade civil*. 7. ed. São Paulo: Atlas, 2007.

CECCONELLO, Fernanda Ferrarini. Dano moral: liberdade de imprensa *x* indenizações às pessoas jurídicas, públicas e celebridades. *Revista Síntese de Direito Civil e Processual Civil*, n. 22, p. 145-147, mar./abr. 2003.

CESARINO JÚNIOR, A. F. Risco profissional. In: FRANÇA, Limongi (Coord.). *Enciclopédia Saraiva do direito*. São Paulo: Saraiva, 1977. p. 359-360.

CHAVES, Antônio. *Tratado de direito civil*. São Paulo: Revista dos Tribunais, 1985.

COELHO, Fábio Ulhoa. *O empresário e os direitos do consumidor*. São Paulo: Saraiva, 1994.

COELHO, Francisco Manuel Pereira. *O problema da causa virtual na responsabilidade civil*. Coimbra: Livraria Almedina, 1998.

COLEMAN, Jules L. *Risks and wrongs*. Cambridge: Cambridge University Press,1992.

COMPARATO, Fábio Konder. A proteção do consumidor: importante capítulo do direito econômico. *Revista de Direito Mercantil, Industrial, Econômico e Financeiro*, v. 15/16, p. 89-105, 1974.

CORTIANO JÚNIOR, Eroulths. Para além das coisas: breve ensaio sobre o direito, a pessoa e o patrimônio mínimo. In: RAMOS, Carmem L. S. et al. (Orgs.). *Diálogos sobre direito civil*. Rio de Janeiro: Renovar, 2002.

COVIELLO, Nicola. La responsabilità senza colpa. *Rivista Italiana per le Scienze Giuridiche*, 1897.

CRUZ, Gisela Sampaio da. As excludentes de ilicitude no novo Código Civil. In: TEPEDINO, Gustavo (Coord.). *A parte geral do novo Código Civil* — estudos na perspectiva civil-constitucional. Rio de Janeiro: Renovar, 2002.

_____. *O problema do nexo causal na responsabilidade civil*. Rio de Janeiro: Renovar, 2005.

DANTAS, San Thiago. *Programa de direito civil*. 3. ed. Rio de Janeiro: Forense, 2001.

DENARI, Zelmo et al. *Código Brasileiro de Defesa do Consumidor comentado pelos autores do anteprojeto*. 7. ed. Rio de Janeiro: Forense Universitária, 2001.

DIAS, José de Aguiar. *Da responsabilidade civil*. Rio de Janeiro: Renovar, 2006.

DIAS, Ronaldo Brêtas Carvalho. Responsabilidade civil extracontratual: parâmetros para o enquadramento das atividades perigosas. *Revista Forense*, v. 296, p. 127-134, 1986.

DÍAZ, Júlio Alberto. *Responsabilidade coletiva*. Belo Horizonte: Del Rey, 1988.

DINIZ, Maria Helena. *Curso de direito civil brasileiro*. São Paulo: Saraiva, 2002. v. 7: Direito das coisas.

DONEDA, Danilo. *Os direitos da personalidade no novo Código Civil*. A parte geral do novo Código Civil. Estudos na perspectiva civil-constitucional. Rio de Janeiro: Renovar. 2002.

FACCHIN, Luiz Edson. *Comentários ao Código do Consumidor*. Rio de Janeiro: Forense, 1992.

FACCHINI NETO, Eugênio. Funções e modelos da responsabilidade aquiliana no novo Código. *Revista Jurídica Notadez*, v. 309, jul. 2003a.

_____. Da responsabilidade civil no novo Código. In: SARLET, Ingo (Org.). *O novo Código Civil e a Constituição*. Porto Alegre: Do Advogado, 2003b.

FACIO, J. Peirano. *Responsabilidad extracontractual*. Montevideo, 1954.

FISHER, Hans Albrecht. *Reparação dos danos no direito civil*. São Paulo: Saraiva, 1938.

FIÚZA, Ricardo. *Novo Código Civil comentado*. São Paulo: Saraiva, 2002.

FRANÇA, Rubens Limongi. As raízes da responsabilidade aquiliana. *Revista dos Tribunais*, n. 577, p. 9-20, 1983.

GARCEZ NETO, Martinho. *Responsabilidade civil no direito comparado*. Rio de Janeiro: Renovar, 2000.

GARCÍA-ALCALÁ, Calixto Díaz-Regañón. *Relación de causalidad e imputación objectiva en la responsabilidad civil sanitaria*. 2003. Disponível em: <www.indret.com>. Acesso em: 20 maio 2008.

GOMES, Luiz Roldão de Freitas. *Elementos de responsabilidade civil*. Rio de Janeiro: Renovar, 2000.

GOMES, Orlando. *Obrigações*. 7. ed. Rio de Janeiro: Forense, 1984.

GONÇALVES, Carlos Roberto. *Responsabilidade civil*. 8. ed. São Paulo: Saraiva, 1994.

HART, H. L. *O conceito de direito*. Lisboa: Calouste Gulbenkian, 1999.

JOSSERAND, Louis. *Dei contratti di transporto*. Milano, 1926.

KANT, Immanuel. *Fundamentação da metafísica dos costumes*. São Paulo: Abril Cultural, 1980. (Os pensadores).

KELSEN, Hans. *Teoria pura do direito*. São Paulo: Martins Fontes, 1999.

LEVY, Emmanuel. La confiance legitime trompée. In: *La vision socialiste du droit*. Paris: Girad, 1926.

LIMA, Alvino. *A responsabilidade civil pelo fato de outrem*. Rio de Janeiro: Forense, 1973.

_____. *Culpa e risco*. 2. ed. São Paulo: Revista dos Tribunais, 1999.

LISBOA, Roberto Senise. *Responsabilidade civil nas relações de consumo*. São Paulo: Revista dos Tribunais, 2001.

_____. *Manual de direito civil*. 3. ed. São Paulo: Revista dos Tribunais, 2004. v. 2: Obrigações e responsabilidade civil.

LÔBO, Paulo Luiz Neto. Responsabilidade por vícios nas relações de consumo. *Revista de Informação Legislativa*, n. 128, out./dez. 1995.

_____. Responsabilidade do fornecedor por vício do produto ou do serviço. *Revista de direito do consumidor*, v. 19, p. 102-113, 1996.

LOPES, Miguel Maria de Serpa. *Curso de direito civil.* 7. ed. Rio de Janeiro: Freitas Bastos, 2000. v. 2: Obrigações em geral.

MAGALHÃES, Humberto Piragibe. *Prova em processo civil.* Rio de Janeiro: Rio, 1976.

MAGALHÃES, Juliana Neuenschwander. Teoria do risco. In: BARRETO, Vicente de Paulo (Org.). *Dicionário de filosofia do direito.* Rio de Janeiro: Renovar, 2006. p. 734-738.

MARINS, James. *Responsabilidade da empresa pelo fato do produto* — os acidentes de consumo no Código de Proteção e Defesa do Consumidor. São Paulo: Revista dos Tribunais, 1993.

MARQUES, Cláudia Lima. *Contratos no Código de Defesa do Consumidor.* 3. ed. São Paulo: Revista dos Tribunais, 1998.

MAZEAUD, Léon. H. Capitant e a elaboração da teoria francesa da responsabilidade civil. *Revista Forense*, n. 83, p. 394-400, set. 1940.

_____; MAZEAUD, Henri. *Traité théorique et pratique de la responsabilité civile, delictuelle et contractuelle.* 4. ed. Paris, 1948.

MENDONÇA, Manuel Inácio Carvalho de. *Doutrina e prática das obrigações.* 4. ed. Rio de Janeiro: Forense, 1956.

MIRANDA, Francisco Cavalcanti Pontes de. *Tratado de direito privado.* Rio de Janeiro: Borsoi, 1954a. v. 1.

_____. *Tratado de direito privado.* Rio de Janeiro: Borsoi, 1954b. v. 25.

MONTEIRO, Washington de Barros. *Curso de direito civil.* 31. ed. São Paulo: Saraiva, 1999. v. 1: Parte geral.

MONTEIRO FILHO, Carlos Edison do Rego. *Da reparação do dano moral pela perda de ente querido*. Dissertação (Mestrado em Direito) — Uerj, 1997.

MORAES, Maria Celina Bodin de. *Danos à pessoa humana* — uma leitura civil-constitucional dos danos morais. Rio de Janeiro: Renovar, 2003.

MORAES, Voltaire de Lima. *Comentários ao Código do Consumidor*. Rio de Janeiro: Forense, 1992.

NASCIMENTO, Tupinambá Miguel Castro do. *Responsabilidade civil no Código do Consumidor*. Rio de Janeiro: Aide, 1991.

NERY JÚNIOR, Nelson. Os princípios gerais do Código Brasileiro de Defesa do Consumidor. *Revista de Direito do Consumidor*, n. 3, set./dez. 1992.

NORONHA, Carlos Silveira. A responsabilidade de indenizar nas situações de perigo. *Ajuris*, v. 21, n. 62, p. 74-92, nov. 1994.

NORONHA, Fernando. Responsabilidade civil: uma tentativa de ressistematização. *Revista de Direito Civil, Imobiliário, Agrário e Empresarial*, v. 17, n. 64, p. 12-47, abr./ jun. 1993.

_____. Desenvolvimentos contemporâneos da responsabilidade civil. *Revista dos Tribunais*, v. 761, p. 30-44, mar. 1999.

_____. Âmbito da responsabilidade civil. *Revista Trimestral de Direito Civil*, Rio de Janeiro, v. 12, p. 39-58, 2002.

_____. *Direito das obrigações*. São Paulo: Saraiva, 2003a.

_____. O nexo de causalidade na responsabilidade civil. *Revista dos Tribunais*, n. 816, out. 2003b.

NUNES, Lydia Neves Bastos Telles. Do dano moral e a transmissão da Aids entre cônjuges e entre companheiros. In: HIRONAKA, Giselda M. F. Novaes; NUNES, Lydia Neves Bastos Telles (Orgs.). *Direito e responsabilidade*. Belo Horizonte: Del Rey. 2002. p. 119-141.

PEREIRA, Caio Mário da Silva. *Responsabilidade civil*. Rio de Janeiro: Forense, 1998.

_____. *Instituições de direito civil*. Rio de Janeiro: Forense, 1999.

_____. *Direito civil*: alguns aspectos da sua evolução. Rio de Janeiro: Forense, 2001.

PESSOA, Jorge F. *Ensaios sobre os pressupostos da responsabilidade civil*. Coimbra: Almedina, 1995.

PHILONENKO, Maximilien. Faute et risque crées par les energies acumulés. *Revue Trimestrielle de Droit Civil*, v. 48, s.d.

POTHIER, Robert Joseph. *Tratado das obrigações*. Campinas: Servanda, 2001.

QUEIROZ, Odete Novais Carneiro. *Da responsabilidade por vício do produto e do serviço*. São Paulo: Revista dos Tribunais, 1998.

RABUT, Albert. *De la notion de faute en droit privé*. 1949.

RIOS, Arthur E. S. Responsabilidade civil pelo risco profissional. *Ajuris*, v. 30, p. 141-155, mar. 1984.

_____. Responsabilidade civil. Os novos conceitos indenizáveis no Projeto Reale. *Revista de Direito Civil, Imobiliário, Agrário e Empresarial*, v. 10, n. 36, p. 68-82, 1986.

RIPERT, Georges. *De l'exercice du droit de propriété dans ses rapports avec les propriétés voisines*. Aix, 1902.

_____. *A regra moral nas obrigações civis*. Campinas: Bookseller, 2000.

ROCHA, Sílvio Luís Ferreira da. *Responsabilidade civil do fornecedor pelo fato do produto no direito brasileiro*. 2. ed. São Paulo: Revista dos Tribunais, 2000.

RODIÈRE, René. *La responsabilité civile*. Paris: 1952.

RODRIGUES, Sílvio. *Direito civil*. 20. ed. São Paulo: Saraiva, 2003. v. 4: Responsabilidade civil.

ROSE, Marco Túlio de. Responsabilidade civil — direitos do consumidor — deveres do prestador de serviços — apuração da responsabilidade — nexo de causalidade. *Revista Jurídica Notadez*, n. 234, abr. 1997.

RUZYK, Carlos Eduardo Pianovski. A responsabilidade civil por danos produzidos no curso de atividade econômica e a tutela da dignidade da pessoa humana: o critério do dano ineficiente. In: RAMOS, Carmem Lúcia Silveira et al. *Diálogos sobre direito civil.* (Orgs.). Rio de Janeiro: Renovar, 2002.

SAAD, Eduardo Gabriel. *Comentários ao Código de Defesa do Consumidor*. São Paulo: LTr, 1991.

SANSEVERINO, Paulo de Tarso Vieira. *Os pressupostos da responsabilidade civil por acidentes de consumo e a defesa do fornecedor*. Dissertação (Mestrado em Direito Civil) — Universidade Federal do Rio Grande do Sul, Porto Alegre, 2000. ms.

SANTOS, Antonio Jeová. *Dano moral indenizável*. São Paulo: Lejus, 1997.

SAVATIER, *Traité de la responsabilité civile*. Paris, 1939. v. 1.

SCALVINI, Elda Elena; LEIVA, Claudio Fabricio. *Circulación de automotores sin seguro obligatorio y responsabilidad del Estado por omisión*. Disponível em: <aaba.org.ar/bi20op64.htm>. Acesso em: 15 jun. 2004.

SCHREIBER, Anderson. Novas tendências da responsabilidade civil brasileira. *Revista Trimestral de Direito Civil*, v. 22, abr./jun. 2005.

_____. *Novos paradigmas da responsabilidade civil* — da erosão dos filtros da reparação à diluição dos danos. São Paulo: Atlas, 2007.

SEVERO, Sérgio. *Os danos extrapatrimoniais*. São Paulo: Saraiva, 1996.

SILVA, Clóvis do Couto e. *Principes fondamentaux de la responsabilité civile em droit brésilien et comparé*. Porto Alegre: 1988. ms.

_____. O conceito de dano no direito brasileiro e comparado. *Revista dos Tribunais*, n. 667, maio 1991.

_____. *O direito privado brasileiro na visão de Clóvis do Couto e Silva*. Porto Alegre: Livraria do Advogado, 1997.

SILVA, João Calvão da. *A responsabilidade civil do produtor.* Coimbra: Almedina, 1999.

SILVA, Regina Beatriz Tavares da. *Novo Código Civil comentado*. São Paulo: Saraiva, 2002.

SILVA, Wilson Melo da. *Responsabilidade sem culpa*. 2. ed. São Paulo: Saraiva, 1974.

_____. *O dano moral e sua reparação*. 3. ed. Rio de Janeiro: Forense, 1983.

STARCK, B. *Essai d'une thèorie générale de la responsabilité civile, considerée en sa double fonction de garantie et de peine privée*. Paris, 1947.

STOCO, Rui. *Tratado da responsabilidade civil* — responsabilidade civil e sua interpretação doutrinária e jurisprudencial. São Paulo: Revista dos Tribunais, 1999.

STRENGER, Irineu. *Comentários ao Código do Consumidor.* Rio de Janeiro: Forense, 1992.

TELLES, Inocêncio Galvão. *Direito das obrigações*. Coimbra: Coimbra, 1989.

TEPEDINO, Gustavo. A responsabilidade médica na experiência brasileira contemporânea. *Revista Trimestral de Direito Civil*, n. 2, p. 41-75, abr./jun. 2000.

_____. Notas sobre o nexo de causalidade. *Revista Trimestral de Direito Civil*, n. 6, p. 3-19, abr./jun. 2001.

_____. Crise de fontes normativas e técnica legislativa na parte geral do Código Civil de 2002. In: TEPEDINO, Gustavo (Coord.). *A parte geral do novo Código Civil* — estudos na perspectiva civil-constitucional. Rio de Janeiro: Renovar, 2002. p. xxix-xxx.

_____. A evolução da responsabilidade civil no direito brasileiro e suas controvérsias na atividade estatal. In: *Temas de direito civil*. 3. ed. Rio de Janeiro: Renovar, 2004. p. 191-196.

_____ et al. *Código Civil interpretado conforme a Constituição da República*. Rio de Janeiro: Renovar, 2006. 2v.

THEODORO JÚNIOR, Humberto. *Direitos do consumidor*: a busca de um ponto de equilíbrio entre as garantias do Código de Defesa do Consumidor e os princípios gerais do direito civil e do direito processual civil. Rio de Janeiro: Forense, 2000.

TOLOMEI, Carlos Young. A noção de ato ilícito e a teoria do risco na perspectiva do novo Código Civil. In: TEPEDINO, Gustavo (Coord.). *A parte geral do novo Código Civil* — estudos na perspectiva civil-constitucional. Rio de Janeiro: Renovar, 2002. p. 345-365.

TRABUCCHI, Alberto. *Instituzioni di diritto civile*. 4. ed. Padova, 1948.

TUNC, André. *La responsabilité civile*. 2. ed. Paris, 1989.

VARELA, Antunes. *Direito das obrigações*. Rio de Janeiro: Forense, 1977. v. 1.

VENOSA, Sílvio de Salvo. *Direito civil*. São Paulo: Atlas, 2003. v. 1: Parte geral.

_____. *Direito civil*. São Paulo: Atlas, 2004. v. 4: Responsabilidade civil.

VILLAÇA, Álvaro. Proposta de classificação da responsabilidade objetiva: pura e impura. *Revista dos Tribunais*, v. 698, dez. 1993.

WALD, Arnoldo. *Obrigações e contratos*. São Paulo: Revista dos Tribunais, 2000.

ZBROZECK, Jerzy. *Apostila de introdução à ciência do direito*. Rio de Janeiro: Centro Acadêmico Eduardo Lustosa, 1957.

ZWEIGERT, K.; KÖTZ, Hein. *Introduction to comparative law*. Oxford: Clarendon, 1998.

Colaboradores

Daniele Medina Maia

Mestre em direito pela University of Pennsylvania (EUA) e pós-graduada em direito pela Uerj. Promotora de Justiça. Professora de direito dos cursos de graduação e pós-graduação da PUC-Rio. Professora dos cursos de pós-graduação da FGV Direito Rio. Ex-coordenadora da área de Telecomunicações e Direito do Consumidor da Vivo.

Marcelo Junqueira Calixto

Doutor e mestre em direito civil pela Uerj. Professor adjunto do Departamento de Direito da PUC-Rio; professor dos cursos de pós-graduação da FGV, PUC-Rio e Uerj. Conferencista da Emerj e Esap. Advogado no Rio de Janeiro.

Gustavo Kloh

Mestre e doutorando em direito civil pela Uerj. Professor de direito civil da FGV Direito Rio, PUC-Rio, Emerj e Ibmec, e da pós-graduação da Uerj. Advogado.

Maria Celina Bodin de Moraes

Doutora em direito civil pela Università degli Studi di Camerino (Itália). Professora titular de direito civil da Uerj e professora associada da PUC-Rio. Autora de livro e publicações em revistas especializadas. Editora da *Revista Trimestral de Direito Civil (RTDC)*.

Anderson Schreiber

Doutor em direito privado comparado pela Università degli studi del Molise (Itália) e mestre em direito civil pela Uerj. Professor da PUC-Rio e dos cursos de pós-graduação da FGV Direito Rio. Procurador do estado do Rio de Janeiro. Autor dos livros *A proibição de comportamento contraditório* e *Novos paradigmas da responsabilidade civil.*

Sylvio Capanema de Souza

Desembargador e 1º vice-presidente do Tribunal de Justiça do Estado do Rio de Janeiro. Professor da FGV Direito Rio, Universidade Candido Mendes, Cepad e Emerj. Autor de diversos artigos e livros jurídicos.

Flávia Viveiros de Castro

Doutora em direito civil-constitucional pela Uerj e mestre em direito constitucional e em sociologia pela PUC-Rio. Especialista pelo Centro de Estudos Judiciários de Portugal e em ciência política pelas Faculdades Integradas Bennett. Juíza titular da 6ª Vara Cível da Barra da Tijuca e juíza convocada do Tribunal de Justiça, tendo também exercido a função de juíza eleitoral em quatro eleições. Autora de obras jurídicas e de arti-

gos em revistas científicas. É professora de direito civil e de direito tributário na FGV e na PUC-Rio.

Arthur Rodrigues

Bacharel e mestrando em direito pela Uerj. Especializado nas áreas de direito internacional, do petróleo e empresarial, trabalha no setor de energia. Tem diversas obras publicadas nessas áreas, focalizando questões relativas a conteúdo local e concorrência, bem como aspectos econômicos dos setores de *upstream* e *downstream* no Brasil e na América Latina. Trabalhou como pesquisador e assistente de ensino na FGV e na Agência Nacional do Petróleo.

Impresso nas oficinas da
SERMOGRAF - ARTES GRÁFICAS E EDITORA LTDA.
Rua São Sebastião, 199 - Petrópolis - RJ
Tel.: (24)2237-3769